自己満足ではない「徹底的に聞く」技術

ブレークスルーパートナーズ
赤羽雄二

日本実業出版社

はじめに～「アクティブリスニング」はすべての悩みを解決する～

◎なぜ物事がうまく進まないのか、部下が言うことを聞かないのか

最近、イライラすることが増えていませんか。思ったように仕事が進まないし、部下は言うことを聞かないし、家は家でがたがたしているし、本当に何とかしてほしいと思っている方が多いのではないでしょうか。

上司は勝手なことを言うし、部下はすぐにむくれる。業者は自己都合しか言ってこない。家にいるとストレスＭＡＸ。安らぐ場所がない。

そう思う方はぜひ本書をご覧ください。ストレスの多くを解消する新しい方法をご紹介しています。しかも数時間以内に半分は消えます。

少しだけの努力を続けていただくと、７割以上の問題が解決するかも知れません。

でも、つらく面倒な努力は無理、続かない。こう思われた方にはなおさらお勧めです。

いったん始めると温泉につかっているような心地よさ、すがすがしさが味わえるからです。

まずは、5分だけでもお付き合いください。

仕事やプライベートの問題、悩み、ストレスのほとんどの原因は、人との接し方にあります。

◎なぜ人の話が聞けないのか

私たちはなぜ最後まで人の話を聞くことができないのでしょうか。

聞かないといけない、聞いたほうがいいと思っていても、我慢できず、途中でさえぎってしまいがちです。相手が一生懸命話しているときに、あるいはやっと相手が話し始めてくれたときに、その気は全くないものの、無残にも打ち切ってしまうのです。

そうなってしまったら、相手はなかなかまた話そうとは思ってくれません。聞けたかもしれない大切な話、引っ込み思案な相手の率直な気持ち、これが瞬時に失われます。二度と話したくない、と思われてしまう場合もあります。

人の話を聞くことができない理由は、いくつかあると思います。

まずは、こちらから言いたいことがあるので、相手の話を聞く心の余裕がない、という場合です。早くしゃべりたくてたまりません。

また、相手を下に見ている、という場合です。馬鹿にしているので、話など聞く気にはならないのです。「どうせくだらないことを言って」と最初から見切っています。

さらには、相手のことが嫌なのでそもそも話を聞きたくない、という場合もあるでしょう。意地悪されたり仲間はずれにされたりしたことがあり、苦手という場合です。

どれも、話を聞く態度としてはかなりまずいものだと思います。しかし、多くの人が陥りがちな問題です。

◎ただ聞くこと、傾聴することとは何が違うのか

では、本書でご説明するアクティブリスニングとは何なのでしょうか。「ただ聞くこと」「傾聴すること」とは何が違うのでしょうか。

アクティブリスニングとは、「真剣に、徹底的に相手の話を聞き、質問もしながら理解を深めること」です。相づちを打ちながら、相手の目を見ながら、心から関心を持って、真剣に、徹底的に話を聞きます。他のことを考えていたり、早く終わらないかな、などと思っていたりせず、ていねいに聞きます。本当は聞いていないのに聞いたつもりになるのは、自己満足に過ぎません。十分理解できないどころか、誤解が生じたり関係が悪くなったりすることもあります。

話を聞きながら、疑問があればあまり遠慮せず質問します。ただし、丁寧さが重要です。

「ただ聞くこと」との違いは、「真剣に、徹底的に相手の話を聞く」「質問もしながら理解を深める」の2点です。頭の集中度も、理解しようとする本気度も、熱心さも、好奇心の強さも、全部違います。

「傾聴すること」との違いは、「躊躇なく質問しながら、理解を深める」点です。これは重要な点で、「かしこまってご高説をうけたまわる」ニュアンスが強い「傾聴」とはかなり異なります。

こういう大事な概念は日本語で呼びたいのですが、日本語で誤解されずに伝えるよい言葉がありません。真剣に、徹底的に相手の話を聞くことに加えて、質問するという能動性が特徴なので、あえて英語のActive Listening、「アクティブリスニング」と呼んでいます。

また、一人でも多くの方に手に取っていただきたいと考え、書名は『自己満足ではない「徹底的に聞く」技術』としました。

◎仕事もプライベートも、問題の大半を解決してくれる

アクティブリスニングが素晴らしいのは、仕事においてもプライベートにおいても、問題の大半を解決してくれることです。

仕事がうまくいかないとき、多くは「人との関係」でしくじっています。仕事がむずかしいというより、一緒にやる人とうまくコミュニケーションできていなかったり、上司に早めに相談できなかったり、助けようとしてくれる人をうまく巻き込めなかったり、です。

一方、仕事がどんなにむずかしくても、助けてくれる人、一緒にチャレンジしてくれる人がいれば、何とかなるものです。

アクティブリスニングをすると、仕事上関わる周囲の人の知恵を尊重し、経験を活かし、その気になってもらってうまく巻き込むことができます。

したがって問題の大半を解決してくれるのです。

プライベートも同じです。夫・妻、彼氏・彼女、友人、趣味の仲間など、ちょっとしたことでぶつかったり、すれ違ったり、何だかんだといざこざが起きがちです。悪意は全くないのに、むしろ好意があるのに、なぜかぶつかってしまいます。

アクティブリスニングをすると、真剣に相手の話を聞き、話の腰を折らないので、相手は心ゆくまで話してくれます。ほとんどの場合、相手は決してケンカしたいのではなく、自分の辛さを訴えたいだけなのです。

アクティブリスニングにより、相手は話をしっかり聞いてもらった、否定されずに耳を傾けてくれたと納得してくれます。

◎苦手な相手でも、アクティブリスニングするうちに変化する

誰にでも苦手な相手が1人や2人、いるでしょう。そういう人が同僚だったり家族の一員だったりすると憂鬱です。

こちらには悪気がないのに、何を言っても笑われたり、揚げ足を取られたりします。そういうとき、反論したり逃げ出したりしたくなります。ただ、踏みとどまってアクティブリス

ニングをすると、関係が大きく好転することがあります。

相手も元々は悪気があったわけではなく、ちょっとしたすれ違い、コミュニケーション不足などから悪循環が起きている場合が多いからです。

アクティブリスニングによって、こちらの聞く姿勢が伝わり、相手を否定しようとしていないことが伝わると、安心してくれます。そうすると、嫌な面ではなく、よい面が出てくるようになります。

もちろん、一度や二度で大きく変わらない場合もありますが、くじけずにアクティブリスニングをしていると、多くの場合、大きく改善します。

◎相手に深い関心を持つこと

アクティブリスニングは、表面を取り繕《つくろ》ってもできません。聞いたふりをしてもすぐにバレてしまいます。気持ちが入っていないことが、相手に即座に伝わってしまうのです。

不思議と言えば不思議ですが、顔には表情筋が多数あってそれを完全にコントロールすることはできませんし、声のトーンにも気のないところが現れてしまいます。

したがって、相手に深い関心を持つことがどうしても必要です。心から相手に関心を持つこと、これしかありません。深い関心を持っていれば、相手のことをもっと知りたいと思い、真剣に、徹底的に話を聞きながらもどんどん質問が湧いてきます。相手もそれを喜んでくれます。

そうはいっても、どうしても関心を持てない相手もおられると思います。そういう場合は、好き嫌いで考えるのではなく、「一人の人が何を考えてどう行動しているのか。どういう価値観、判断基準で動いているのか」を考え、理解しようとしてみると少し関心を持てるようになります。

例えば、自分は文系で、相手は理系の、人嫌いそうなエンジニア、苦手な分野だし、これまで関心を持ったこともないという場合でも、一人の人として見た場合はなぜこうなのか、なぜあんな行動をしているのか、好き嫌いではなく好奇心を持って見るとかなり違ってきます。

理解する対象と見れば、心からの「深い関心」がなくても、実用的には十分な関心を持つことができるので、やってみる価値が大いにあります。

◎しゃべりたい気持ちをどう抑えるか

アクティブリスニングの最大の敵は、たぶん「自分がしゃべりたい気持ち」だと思います。アクティブリスニングをするには、相手の話を聞くこと、特にしっかりと最後まで聞くことが出発点ですので、こちらがしゃべってはどうしようもありません。

私自身はあまりおしゃべりではないので、正直に言うと、しゃべりたいという気持ちがよくわかりません。人として何か欠けているのでは、と前から気にしています。企業の支援や講演なども多数していますので、仕事として言うべきこと、言いたいことはあります。

ただ、いわゆる「しゃべりたい」では全くないのです。知識として「しゃべりたい人が大変多い」ことは知っていますし、実際よく見かけますので、そういうことなんだろうなと理解しています。

では、しゃべりたい気持ちをどう抑えればいいのでしょうか。

「しゃべりたい」というのは、「自分の話を聞いてほしい」「今日あったことを話したい」「私のことを見ていてほしい」、あるいは「私の気持ちを理解してほしい」「もやもやをはき出してしまいたい」などかと思います。

これはこれで大切なことですが、あくまで自分を中心とした気持ちの発露、気持ちの整理です。

ありていに言えば、相手に関心はなく、自分の言いたいことを話している、という状況に見えます。もちろん、それを１００％受け止めてくれる人がいれば、何の問題もありません。幸せな状況です。

ただ、実際は、多くの場合、相手にも話したいことがあるにもかかわらず、おしゃべりなほうが一方的にしゃべって、相手がそれを我慢しているのではないかと思います。我慢ではないにしても、しゃべりたい人がいるならしゃべらせておけば、という程度かも知れません。

コミュニケーションが本来双方向であり、キャッチボールのようなものだと考えると、これでは問題です。ゆったりとしたキャッチボールではなく、一方的にたくさんのボールを投げつけているように見えるからです。力点が自分にあります。相手への関心があまりありません。

この本では、コミュニケーションの原点に帰って、一方的なおしゃべりではなく、今目の前にいる相手の話をどう丁寧に聞くか、どう深く理解するか、その結果をどう発展させていくか、という観点から取り組んでいきたいと思います。

実際、人の話をもっと聞けるようになりたいという方は多くおられます。部下が話をしてくれない、と悩んでいる上司、子どもが話をしてくれない、と気にしている親は珍しくありません。よく相談も受けます。

ただ、横から拝見していると、部下や子どもに本当の意味の関心を持たず、こちらから言いたいことだけを言い続けているように見えます。なので、部下も子どもも話す気になどなりません。

ヒントはあります。

相手に強い関心を持ち、本気で何かを聞きたい、聞き出したいと思えば、また貴重な機会だと思えば、「自分がしゃべるよりも相手の話を聞きたい」となるはずです。

その意味では、相手を軽視しているか、相手の時間を軽く見ているからこそ、しゃべりたくなるのではと思います。

本書はこの問題に切り込んでいきます。

『自己満足ではない「徹底的に聞く」技術』

CHAPTER 1

〈実例〉アクティブリスニングとは

Active Listening

CHAPTER 2

人間関係を好転させるアクティブリスニング

CHAPTER 3

部下のやる気を引き出すアクティブリスニング

CHAPTER 4

アクティブリスニングすると、問題の全体像が把握できる

CHAPTER 5

アクティブリスニングするだけで、問題が解決できる

CHAPTER 6

アクティブリスニングのやり方
——質問、深掘り、まとめ、A4メモ書き

CHAPTER 7

状況別アクティブリスニング
――一対一ミーティング、チームミーティング、取材、営業

CHAPTER 8

アクティブリスニングをマスターするには？

CHAPTER 9

ロールプレイングで、相手の立場が見えるようになる

CHAPTER 10

ポジティブフィードバックで効果をさらに高める

CHAPTER 11

アクティブリスニングを社内、クライアントで広めるには

——ロールプレイング、アイデアメモの活用

CHAPTER 12

リモートワークでのアクティブリスニング

CHAPTER 13

アクティブリスニング後、きちんとフォローする

カバーデザイン　萩原睦（志岐デザイン事務所）
本文デザイン・ＤＴＰ　初見弘一

CHAPTER

1

〈実例〉アクティブリスニングとは

Active Listening

30代男性社員Aさんの場合

サービス業に勤めている彼は仕事が大変忙しく、家に帰るのがいつも夜10時過ぎ、そのときには奥様は小さいお子さんと一緒に寝てしまっているので顔を合わせる機会がほぼありませんでした。

顔を合わせるのは朝だけですが、朝ご飯中もPC（パソコン）でメールの返信などをしなければならないので、うわの空状態。奥様との関係も微妙な空気が流れていました。

私の助言で一念発起して、彼は朝の30分、PCに触るのをやめ、奥様の話を聞くことに集中することにしました。アクティブリスニングの徹底、つまり、しっかりと話を聞き、きちんと相づちを打ち、会話を続けたのです。そうすると、驚くことにほんの数日で奥様の態度に大きな変化が現れました。

笑顔が出るようになり、満足そうであり、彼の仕事の大変さへの理解を示してくれるようになったのです。彼がしたことは30分、奥様のほうを向いて真剣に話を聞くことだけでした。

一番驚いたのは彼だと思います。子どもが産まれてから、どうやったら奥様とうまくコミュニケーションできるようになるのか悩んでいました。奥様と話をしたいけれど、夜は寝てしまっている、朝はメール返信で忙しい、すれ違いしかなかったわけです。

それが集中しているとは言え、朝のわずか30分の時間の使い方だけで、奥様の機嫌が大変によくなったのは彼にとっては驚きでした。

奥様は、たぶん彼の仕事が大変なことは理解していたのですが、彼があまりにそれにかまけていたため、さみしかったのだろうと思います。それ以降、彼の仕事の大変さに対しても、前より理解を示してくれるようになりました。

それ以降、彼はアクティブリスニングの重要性と効果を実感し、実行し続けています。

20代女性社員の場合

サービス業に勤めている彼女は、うつ手前だった後輩と長時間、何度も電話で話をして本人の悩みを整理し、前向きな状況までの回復を助けました。「考え方がずれている」と思いながらもそれは口にせず、アクティブリスニングに徹したのです。

身勝手としか思えないような話が長く続きましたが、彼女はそれをいっさい否定せず全部聞き続けました。そうすると、あるところから少しずつ明るくなり、やる気を出してくれて、立ち直っていったそうです。後輩の表情や声のトーンは劇的に明るくなりました。

最初はアクティブリスニングにやや半信半疑であった彼女も、成果が驚くほど大きかったので、アクティブリスニングをより徹底して体現するようになりました。

30代男性社員Bさんの場合

医療機関に勤めている彼は、職場の気むずかしい10歳上の女性社員の話を真剣に聞き続け、信頼関係を構築できました。

先方は、とても忙しくピリピリしていて声もかけづらいような方でしたが、１００％相手の話を聞くというアクティブリスニングの徹底により、壁を壊すことができたそうです。

質問には短く答え、相手の話のリズムを崩さないように聞くことに集中したとのこと。

いったん信頼関係ができると、その女性社員は、毎日相談に来てくれるようになり、相談だけではなく、プライベートな部分も話をしてくれるようになりました。声もかけづらいところからは劇的な変化です。

その方に突然の依頼をしないといけないときも、心地よく受け入れてくれるようになりました。

彼は、アクティブリスニングの劇的な効果を目の当たりにし、それ以降も続けています。

40代主婦の場合

彼女は母親の近くに住んでいてとても仲がよいのですが、これまで母親の話を聞く途中でさえぎることが多かったようです。自分の言いたいことを忘れないうちに話したいので、最後まで待ちきれなかったようです。

アクティブリスニングの話をしたら、思い当たることがあったようで、すぐに試してくれました。その結果は素晴らしいものでした。

特別おしゃべりでもない70代の母親が、今までにないほど話し続けてくれて、普通なら「もう眠いから帰ってちょうだい」というところを元気いっぱいニコニコ笑いながら話してくれたとのことです。

彼女は、「今まで、どれほどさえぎっていたかがわかった」「もう、母親の話をさえぎらずに最後まで聞くようにする」と話してくれました。

CHAPTER

2

人間関係を好転させる
アクティブリスニング

Active Listening

人との関係がよくなり、失った信頼も取り戻せる

何かのきっかけでこの人どうなのと思われたり、わだかまりを持たれたりすることがあります。こちらに悪意があるわけではなく、たまたまの巡り合わせでこういうことが起きますので、防ぎようがありません。とは言え、ほうっておくのも気になりますし、気分もよくありません。

これを解消する手段があります。アクティブリスニングです。

アクティブリスニングをすると、相手は気持ちよく話ができます。気持ちよく話ができると、わだかまりがあっても少しずつ消えていきます。一度で解消しないこともありますが、だんだん疑いが晴れ、信頼感が高まっていきます。「この人はちょっとどうなの」と思われていたとしても、「意外にいい人かも」と思い始めてくれるのです。

話をきちんと聞いてあげるだけで人との関係がよくなり、失った信頼も取り戻せるなんて、不思議ですね。悪意があるとか、敵意があるとかではなく、ちょっとした行き違い、すれ違いで気分を害していることが多いからだと思います。

相手がややネガティブでも、会うたびにアクティブリスニングを続けていると、あるところで変化が起き、疑いが一気に溶けていきます。アクティブリスニングはそのくらい強力で

す。

ただ、大切なのは、「嫌な人だなあ。べらべらしゃべってるなあ」的なことを絶対に考えないことです。心の底で考えていても顔がにこやかであればわかるはずない、と思っているとしたら伝わってしまいます。

我々の顔と声、目の動きを100％コントロールすることはできませんので、心の底の思いを隠し通すことはほぼ無理です。必ずばれるので、余計なことは考えないほうがいいです。

それでも、「嫌な人だなあ。べらべらしゃべってるなあ」と感じてしまったらどうでしょうか。そういうときは、「この人はどうしてこんな感じなのだろうか」「どうしてこういう嫌な感じを出しているのだろうか」と人間研究家になったつもりで観察し、分析します。

客観視し、研究することで、好き嫌いな気持ちはある程度抑えることができます。

人との関係を改善し、失った信頼を取り戻すポイントは、

1. 失った信頼を絶対に取り戻すと真剣に思う
2. 相手の話を真剣に、徹底的に聞く
3. 反応が悪くても、すぐにあきらめずに何度も真剣に、徹底的に聞く
4. 反応が悪いのは、自分の過去の行動の蓄積の結果だと反省する

5. 相手の反応がニュートラルになるまで続ける
6. 相手の関心事が何か、しばらく毎日4〜5ページはA4メモを書く
7. 我慢強く続けるのではなく、できるだけ自然体で続ける
8. どこかの時点で、相手の心が溶け始めるので、感謝して話を聞き続ける

というようなことかと思います。もしかしたら、人によってはむずかしく見えることもあるでしょう。しかし、繰り返し練習してコツをつかめば、意外にそこまで悩まずにできるようになります。

A4メモというのは、拙著『ゼロ秒思考』でご紹介しているA4メモ書きです。簡単なメモを毎日10〜20ページ、すべて1分で一気に書くようにすると、もやもやがなくなり、頭の回転が大変によくなるというアプローチです。世界中で数十万人以上の方が経験されています。

- A4用紙を横置き
- 左上にタイトル、右上に日付、本文は4〜6行、各20字程度を書く（英語の場合は10〜15ワード）

- 毎日10～20ページ
- 頭に浮かんだときにすぐ書く
- 必ず1分で書き終える
- 思いついたとき、似たようなテーマでも何度でも書く

相手を理解できると怒りが消える

アクティブリスニングによって、相手への理解が大いに深まります。普段話してくれないようなことでも、どんどん話し続けてくれるからです。本音も出ます。好き嫌いも、またその理由も、わかります。小さいときからどういうことが辛くて、どういうふうに育ったのかなど、初めて聞く話もどんどん出てきます。

もちろん、こちらを信頼して普段話さないことも話してくれます。気持ちよくて話しすぎてしまう、という感じでしょうか。こういう状況では、特に意識して、口が固いこと、信頼できることを示さないと、信頼を裏切ることになりますので注意が必要です。

相手がいろいろ話してくれてよく理解できるようになると、相手に対して持っていた怒り

は確実に消えていきます。怒りのほとんどは、理解不足、何かのすれ違い、誤解、間合いの悪さなどから来るためです。

怒りは、「何で？」「どうして？」「理解できないよ、何でそうなんだよ」など、理解できないために燃えさかることが普通です。

ところが、こちらが自然体でアクティブリスニングすると、相手が普段話さないことまで話してくれます。その結果、わだかまりが解消して怒りが消えていくのです。素晴らしいことだと思います。

相手を理解することで怒りを消すためのポイントは、

1. 相手への怒りは、理解不足によることが多いと理解する
2. 怒りや嫌悪感をいったん横において、ひたすら相手の話を聞く
3. 聞きながら、理解できないところ、飛躍しているところは遠慮なく質問する
4. 相手の発言の一つひとつに反応せずに、どういう価値観なのかを考える
5. 人間研究のプロになったつもりで、関心・好奇心を持って観察する
6. 特に、相手に幼少期からどういうトラウマがあったのか想像する
7. 相手と自分の会話を斜め上から見ているところを想像する

などでしょう。一言で言えば、いかに感情をいったん切り離して相手の話を聞くか、アクティブリスニングするか、ですね。

男女関係がうまくいく

男女関係に、アクティブリスニングが大変役立ちます。それはビジネスにおいてもプライベートにおいてもです。

男女でかなり状況が違いますので、まずは男性がアクティブリスニングをする側で考えてみます。

なお、ここでの「男性的ふるまい」「女性的ふるまい」は、あくまで一般的な特徴として述べています。一つの観点はどのくらい「話をしたい、聞いてほしい」か、もう一つの観点はどのくらい「感情的」「感性豊か」か、という点だと思います。

個人としては、男女さまざまであると最初にお断りしておきます。

男性にとって

女性にアクティブリスニングをする効果は劇的です。女性の多くが

「自分の話を聞いてほしい」

「自分のことを話したい」

「話を聞いて、それでいいんだよと言ってほしい」

「理解してほしい」

という強い気持ちを持っているからです。男性にもそういう気持ちはありますが、たぶん男性よりははるかに強いようです。もちろん、人それぞれですが、一般的には男性が女性の話をしっかり聞いて受け止めることが出発点になります。

きちんと受け止められないと…ところが、女性ほどおしゃべりでないこともあって、男性は受け止め損ねることが多く、微妙な空気が流れます。へたをすると、最初からぎすぎすしてしまいます。

さらに悪いことに、もっと話をしたい、ちゃんと話を聞いてほしいと思っている女性に対して男性は、

「早く終わらないかなあ」

「何が言いたいんだ」

「また繰り返しだ」

「結論は何なんだ」

「どうしてほしいんだ」

などと思いがちです。それが一発で見抜かれ、あっという間に不機嫌になります。

不機嫌さは当然ながら男性にも飛び火し、さらに炎上し、あちこちに延焼します。

ここで不用意な口の利き方や気のない返事をしてしまうと、さらにまずいことになります。ここまで来ると、嵐がおさまるまで耐えしのぶしかありません。

たぶん、ほとんどの男性が経験されたことだと思います（もちろん、逆もあります）。

争いを避ける方法：これを避ける方法が一つだけあります。女性の話を真面目に、真剣に、徹底的に聞くことです。単純明快で、それ以上でもそれ以下でもありません。
男性が真剣に、徹底的に聞くことで、女性側には
「聞いてもらえた」
「自分の気持ちをわかろうとしてくれた」

「理解してもらえた」

「大切にされている」

という安心感が生まれ、気持ちが落ち着くからです。男性も同じではありますが、たぶん男性以上に効果的です。


質問はしない：この状況では、話が飛んでよく理解できないときでも、質問はせず、そのまま聞き続けます。言っていいのは、

「そうなんだ」

「そうだったんだ」

「大変だったね」

「よくわかるよ」

「いつも頑張ってるんだね」

「いつも本当にありがとう」

くらいでしょうか。

なぜなら、こういう状況になってしまうと、男性同士であれば全く問題のないような質問でも、また意図が全くなくても、攻撃、批判、非難にとられるからです。

さらに、男性から見て辻褄《つじつま》が合わないと思っても、決して確認しようとか正そうと思ってはいけません。「話が飛ぶし、辻褄が合わない」と思うのは男性だけなのです。

相談されても答えを言わない：もう一つの注意点は、たとえ相談されたとしても「こうしたらいい」「こうすべきだ」と答えを言わないことです。男性同士であれば全く問題ありませんし、むしろ答えを言わないと頼りないと思われがちですが、女性は違うようです。

「ただ話を聞いてくれればいいのに」
「答えなんか聞いていないのに」
「全部聞いてくれなくて、よくこうしろ、ああしろとか言えるなあ」

などと思われたりして、いいことは何もありません。

このギャップの理由は、女性側はそもそも相談するつもりがなく、ただ聞いてほしいだけだからです。共感してほしいだけなのです。

ところが、一見、相談の形を取っているために、男性側は「相談された」「答えなくては」と思ってしまうのが行き違いの発端です（女性側は、「聞いてほしいだけなんだけど」と最初に断って話すと、この誤解を避けられます）。

質問はいつしてもいいのか：さて、男性が真剣に、徹底的に話を聞くようにしていれば、相手の女性は落ち着きます。心がいつも平安で、感情的ではなくなります。そういう状況であれば、話を聞きながら、理解を深めるため、ところどころで質問しても大丈夫です。丁寧に、あくまで相手に寄り添った形での質問ですが。

気の合う男性同士で許されるやや攻撃的な質問、知的なチャレンジを含む質問はやめておいたほうがよいと思います。女性の心を傷つけるだけのようです。

いつまでも話し続けられるわけではない：最後に、アクティブリスニングを実施すると、相手の女性がいつまでも話し続けてしまうのではないかとよく質問されますが、心配いらないと思います。

女性の話が長くくどくどとなってしまう一番の理由は、男性が真剣に、徹底的に聞いてくれないからです。聞いてくれないから、伝わらないから女性は何度も何度も繰り返すのです。アクティブリスニングによって、話を真剣に、徹底的に聞き、状況を理解し、共感してくれていることがわかれば、相手の女性は満足してくどくどと言い続けることはなくなっていきます。

女性にとって

男性へのアクティブリスニングはもちろん効果的です。ただ、男性によってはそこまでおしゃべりでない人もいるので、その場合、効果はやや限定的です。

例えば、私自身、仕事は別として、決しておしゃべりなほうではありません。したがって、どんなに心のこもったアクティブリスニングをされても、それほど話したくはなりません。自分のことを話すことに特に喜びを感じないためです。もっと言うと、一日一言も話さないときがもしあったとしても、平気です。

もちろん話し好きな男性、おしゃべりが止まらない男性、話を聞いてほしい男性、かまってほしい男性も多くいるのはよく理解しています。そのときは大切な人であればアクティブリスニングをしっかりしてあげてください。よい関係を築くことができます。

ただ、練習のつもりで大切でない人にアクティブリスニングすると、好きになられてしまうこともありそうです。人は男女を問わず、話を聞いてくれる人を好きになりがちだからです。相手は慎重に選んでください。

なお、「男女関係」としましたが、広くは「LGBTQも含む恋愛関係」と読み替えていただいても、多分同じことが言えると思います。

アクティブリスニングで男女関係をうまく活かせるポイントは、

【男性から女性へ】

1. 何はともあれ、話をしっかり聞く、本気で聞く、真剣に、徹底的に聞く
2. 面倒だと思いながら話を聞かない
3. ばれないと思って、他のことを考えながら聞かないこと。集中して聞く
4. 相談されたとしても、ほとんどは相談ではないので、聞くだけにしておく
5. 話が飛んだり辻褄が合わなかったりと思っても、それを確認しない。正さない
6. あくまでも相手を尊重する。決して人格を疑ったりしない
7. 話が長く続くのではないかと心配しなくてよい。女性はいつまでも話し続けるわけではない

【女性から男性へ】

1. 大切な人に対してはアクティブリスニングをする

2. それでもあまり話してくれなくても、あまり気にしない
3. 大変話し好きな男性もいる。アクティブリスニングをほどほどに
4. 人を選んでアクティブリスニングをしないと、勘違いされることがある
5. 女性同士よりははっきり質問をしたほうが喜ばれる
6. 同調圧力は女性同士よりは少ない

相手が活き活きする

アクティブリスニングをすると、相手がすぐに活き活きします。枯れそうになった草花に水をあげると、あっという間に生き返ったように元気になりますが、まさにそういう感じです。即効性があります。特に元気のない、自己肯定感の低そうな方、これまで辛いことが多かったのだろうなあという方には効果的です。

人は決して孤独で生きていく動物ではないんだな、誰かに話を聞いてもらうのがこんなに大切なことなんだな、というのが正直な感想です。

どんなに人嫌いに見えても、つっけんどんに見えても、あるいはけんか腰なところがあっても、それは人とのコミュニケーションが苦手だったり、辛い思いをしたことがあったり、何らかの理由でコミュニケーション拒絶症になっているだけだったり、なのではないかと思います。

こちらが先入観を持たずに、心よりアクティブリスニングをしてあげさえすれば、警戒心が薄れてかなり短時間で心を開き、話し始めてくれます。

その瞬間に、誰でも活き活きとします。輝き始めます。

お金でもお世辞でもなく、「人としてあなたを尊重しています。大切だと思っていますよ」というメッセージが一瞬のうちに伝わるのだろうと想像しています。

これって、生きていて最上級に楽しいこと、嬉しいこと、また大切なことの一つではないでしょうか。

相手を活き活きとさせるためのポイントは、

1. アクティブリスニングしさえすれば、活き活きとしてくれる
2. 人嫌いやつっけんどんに見えても、気にせずアクティブリスニングする

3. 先入観を持たずに話を聞くと、必ず相手は変わる
4. 相手のトラウマを聞いてあげる。聞き出すのではなく、相手が話し出すのを待つ
5. 相手が話し出したら、最低限の質問にとどめ、できるだけ長く話し続けさせてあげる

などになります。

理解・実行チェックリスト

□ アクティブリスニングを徹底すると、信頼を取り戻すことができる

□ アクティブリスニングを徹底すると、人との関係がよくなる

□ 相手を理解できると、自然に怒りが消えていく

□ 男女関係、恋愛関係でもアクティブリスニングを徹底する

□ アクティブリスニングによって相手が活き活きする

お勧めするＡ４メモ タイトル例

- どうすれば、人間関係を改善できるのか
- 嫌だと思っていた人にも頑張ってアクティブリスニングするには？
- 頑張ってアクティブリスニングをした結果、何を感じたか
- 相手を理解できると、どうして怒りが消えていくのか
- これまでどういう誤解があったか

※アイデアメモは218P参照

どうやって人との関係を改善するか

1. どういう人との関係がうまくいかないか

—
—
—
—
—

2. どうしてそうなったか、いつ頃からか

—
—
—
—
—

3. どのへんに改善余地がありそうか

—
—
—
—
—

4. 今後2週間、どういう努力を続けてみるか

—
—
—
—
—

CHAPTER
3

部下のやる気を引き出す
アクティブリスニング

Active Listening

部下が生き返る

部下という立場は、上司より気が楽なようでいて、決して簡単なものではありません。

部下の多くはストレス過多だったり、パワハラの被害を受けていたり、上司への忖度疲れだったりして、やる気があまり出ない人が多いようです。部下の立場の方から週に何度も相談を受けています。

なぜそうなのか、背景を少しご説明したいと思います。

私は内外の企業の経営改革に長年取り組んできましたので、国籍を問わず、経営者、役員、事業部長、部長、課長、社員など、多くの方にお会いしました。上司の話を聞き、部下の話を聞くと同時に、「上司の上司」の話も聞き、「部下の部下」の話も聞きました。

そこから浮かび上がってきたのは、上司には結果を出すことに一生懸命なあまり、どうしても部下を追い立ててしまう傾向があることです。目標を達成できる部下ばかりではないので、特に悪意がなくても責めてしまったり、追及してしまったりします。

目標自体、妥当な目標というものはなかなかありません。低すぎるわけにはいかないため、高すぎて到底無理としか思えないような目標になりがちです。とはいえ、大ヒットしたiPhoneなども、理不尽なまでの水準をスティーブ・ジョブズが要求し、何とか成し遂げた結果、現在の成功がある、とも理解されていますので、むずかしいところです。途中で何人が精神を病んだか、というようなことは現実としてはあまり問題にされません。

そういう状況ですので、悪意はないものの、現実としては部下にストレスを与え、やる気を削いでいる状況が多いと思います。

自分は部下時代には辛い思いをしたのに、自分の部下には似た思いをさせている、というケースは珍しくありません。

また、部下の話をあまり聞かない上司は大変に多いですし、聞いているという上司も横で見ていると6〜7割は自分が話しているようです。もっとかも知れません（皆さん、ぜひ同僚に、自分と部下が何秒ずつ話したのかをストップウォッチで測ってもらってください。あるいは、部下との10分ほどのやり取りを何度か録音して、自分が何分、部下が何分話しているか把握するといいです）。

一部の部下はそれでも状況を説明したり意見を言ったりしますが、本音をどこまで言えているかというとかなり微妙です。意見を言うふりをして、上司の意見をうまく反映していることはざらでしょう。

ほとんどの部下は上司を信頼していないか、少なくとも警戒しており、上司とのコミュニケーションを避けようとします。避けられない場合は上司の機嫌を損ねないような内容のもののみ、注意して話します。

こういうことですから、上司は「裸の王様」になりがちです。本人はそのつもりが全くなくても（ないからこそ「裸の王様」なのですが）、好きなだけ話し、一方的に演説をして、耳障りのいい報告だけを聞く、というわけです。

したがって、こういう状況で上司が本気でアクティブリスニングを始めると、大きな効果があります。即座に部下に響きます。大変喜んでくれます。

私は、大手小売り企業で数年間、意識・行動改革に取り組みました。そのときの経験をお話ししたいと思います。

各支店の支店長のもとには部下のスーパーバイザーが10人ほどいます。支店長は自分もそういうふうにやられていたし、売上目標も大変なので、部下の話を聞くというよりは「あれやれ、これやれ」「あれはどうなった、何でやってないんだ」「売上をもっと上げろ」の連呼になります。

部下の話をゆっくり聞く気持ちの余裕も時間もありません。部下は部下で、常に支店長の顔色を伺いながら緊張して仕事をしていました。

私は全国の支店を順次回り、アクティブリスニングとポジティブフィードバック（200P参照）の重要性を説明し、ロールプレイングなどの練習もして、その日からの実施を支店長にお願いしました。アクティブリスニングを100%できたか、ポジティブフィードバックを20回できたか、というメールを2週間にわたって毎日送っていただくようにお願いもしました。

そこでわかったことが、いくつかあります。

1. 数日にわたってメールでのフィードバックをすると、どんな支店長でもアクティブリスニングの度合いが飛躍的に高まる
2. アクティブリスニングをすると、これまで萎縮していた部下が明るくなり、悪い話でもどんどんしてくれるようになる
3. 暗い雰囲気だった支店のオフィスで笑い声が出るようになる
4. スーパーバイザーが担当店舗を回るときに、同じようにアクティブリスニングができるようになる
5. 担当店舗のオーナーも影響を受けて、部下の話を少し聞くようになる
6. こわもての支店長、生真面目そうな支店長、部下に過度に厳しそうな支店長、どういうタイプであってもこの変化が起きる

こういうものです。

私の結論は、アクティブリスニングがむずかしいからできない、というより、アクティブリスニングなどやってもらったことがないから、それが大事だと知らなかったからできなかっただけだ、というものです。ぜひやってみてください。部下の顔色がすぐに好転し、仕事の話もしやすくなります。

アクティブリスニングを始めると、部下は最初やや戸惑います。今まで話などほとんど聞いてくれなかった上司が真剣に話を聞いてくれるからです。「意見はいろいろあるけれど、言ってもいいのだろうか。前に意見を言った人が飛ばされたし」と普通は思います。上司の顔色をじっと観察します。

ですので、最初はおっかなびっくりですが、上司が数日継続し、一貫してアクティブリスニングの姿勢を見せ続けると、安心して明るくなります。意見も言ってくれるようになります。驚くほどすぐに慣れてくれます。

萎縮したり、殻に閉じこもっていたりした状況から抜け出て、生き返ってくれるのです。

部下を生き返らせるポイントは、

1. 部下の話をともかく聞く。安心して話し出すまで気長に待つ
2. 部下の話は最初は1時間、それ以降、隔週で20～30分程度聞く
3. 部下への仕事の指示は、タスクシートなどに書いて伝える
4. 部下の質問には即座に答える。それ以外はひたすら聞くだけ
5. アクティブリスニングを始めたら、三日坊主にならずやり抜く
6. アクティブリスニングをしているかどうか、同僚にチェックしてもらう。録音し、自分と部下の話している時間を測る

などです。

部下が自信を持ち、育つ

アクティブリスニングをされると部下が生き返るだけではなく、仕事への取り組みが真剣になります。前向きに取り組んでくれるようになります。そうすると、仕事の成果が出やすくなり、自信を持ちます。自信を持つと、意欲が湧き、成長が加速します。

上司が自分のことをわかろうとしてくれた、自分の話を聞こうとしてくれた、と感じるだけで気持ちが明るくなるからです。

それまでとは打って変わって、仕事の面白みを感じ始め、前向きになってハキハキし、上司とのコミュニケーションも改善されて結果を出しやすくなります。

部下に対してアクティブリスニングをするだけで、これほど変わるのです。

むずかしいことは何もありません。どうしたら部下がもっとやる気を出してくれるのか、どうすれば部下が育つのか、という質問をよくされますが、答えは簡単、部下の話を聞く、アクティブリスニングをするだけです。

逆に言えば、アクティブリスニングをしていない状況で部下の成長を期待するのはナンセンスと言ってもいいでしょう。車のキーをＯＮにしないで車が動かないことを不思議がるようなものです。

あらゆる上司、リーダーは、アクティブリスニングをして、部下に自信を持ってもらうとよいと思います。人材育成のむずかしい話は不要です。

部下が自信を持ち、育つようになるためのポイントは、

1. アクティブリスニングにより、部下の話をしっかり聞く
2. 特に前の上司の経験や、社会人になった後どういう辛いことがあったのかを聞く
3. 部下の価値観、特に何をいいと思っていて、何をよくないと思っているかを聞く
4. 部下が仕事上の課題を早めに相談できるよう、短時間でも週次で機会を作る。対面が望ましいが、むずかしいときは電話でも構わない
5. 部下全員がアクティブリスニングを身につけるように、コーチングする
6. 特に、部下が同僚、後輩、外部の人、プライベートでもアクティブリスニングをするように、フォローし、助言する
7. 部下同士で助け合いやすいように、ベストプラクティスの共有を進める
8. 部下全員が自身の長所、成長課題、成長目標などを正しく認識するように、コーチングする

などです。

上司への信頼が増す

上司が部下にアクティブリスニングをすると、部下が自信をつけて成長するだけではなく、上司への信頼感が飛躍的に増します。自分の話を聞いてくれる人に対しては、誰でも安心し、自然に信頼するようになるからです。

ましてやそれが上司であれば、これまでとのギャップもあって好感度が上がり、人としてより信頼できるようになります。特別ではなく、自然なことです。

そうすると、部下は気になったことをすぐ上司に相談するようになり、コミュニケーションが断然スムーズになります。そうすれば、何が問題で、今何をすべきかに関してギャップが生まれにくく、方向修正も適切に行われ、成果が出やすくなります。

仕事が予定通りに行くことはまれで、必ず何かしら問題が起きます。行き違いもあります。外部とのコミュニケーションでも、ギャップが生じて気まずい思いをすることはよくあります。

そのときは、上司にすぐ相談しなければなりませんが、以前と違ってコミュニケーションが抵抗なくできるので、問題の未然防止ができます。なので、一層、上司への信頼が増していきます。

上司も、部下とのコミュニケーションがスムーズなので、いらいらしなくなり、本来の業務に取り組みやすくなります。伸びやかになり、上司自身も部下もストレスが減ってより結果が出るようになります。顧客への姿勢もよりよいものになり、好循環が生まれます。

上司への信頼が増すためのポイントは、

1. アクティブリスニングをきちんと実施する
2. 部下とのコミュニケーションをきめ細かく行う
3. 部下の相談にはすぐに対応し、何らかの解決策を示す
4. 状況に応じて柔軟に方向修正する
5. 外部への謝罪、提案などにも素早く対応する
6. 部下に対してえらそうな態度で接しない
7. 部下の成長を期待するものの、過度なプレッシャーを与えずコーチングする
8. 部下が成長できるよう、きめ細かく助言する

などとなります。

上司のリーダーシップがこれだけで強くなる

リーダーシップは、すべての上司の課題です。リーダーシップに自信がなくて、と悩んでいる上司にも多くお会いしました。どの企業にも管理職研修はあると思いますが、通り一遍な講義だけで具体的にリーダーシップを強化できるようなトレーニングもノウハウ提供もないようです。自分の上司からもリーダーシップの見本を見せてもらっておらず、本で読んでもどうやったらいいか今いちわかっていない様子です。

上司のリーダーシップが弱くて、と困っている部下には、もっと多くお会いしました。相談も毎週のようにあります。上司とは名ばかりで、仕事は次々に振ってくるものの、部署や取り組みの方針がはっきりしなかったりころころ変わったりで大変やりにくいとよく聞きます。相談しようにもなかなか機会がなく、聞いてもその場しのぎの答えしかない、あるいは平気で後出しじゃんけんをする、という問題がよく見られます。

部署で何を達成すべきか、どうやれば実現できるかをきちんと説明し、部下が困っているときには救いの手を差し伸べてくれて、部下には到底解決できないような問題を一緒に解決してくれる上司は、尊敬されますし、リーダーシップが強いと言われます。

言葉にすると簡単ですが、実際は上の目も気になるし、部下はすぐ不平不満を言うし、お客さまからはいつも理不尽な要求があるし、とてもじゃないがやってられないと思うのも上司です。スキルとしてもかなり高い水準が期待されているがその割に昇進しても給料は増えなかった、というのが多くの上司の不満ではないでしょうか。

仕事がよほどできる一部の上司のみ、リーダーとしては及第点を取りそうですが、力が同じような上司が2人いて、1人はアクティブリスニングをよくし、もう1人は部下に指示・命令ばかりで話を聞かない場合、リーダーシップに決定的な差が生まれます。

アクティブリスニングをする上司のほうは、早めに問題をキャッチし、問題の本質をよく理解し、適切な解決策を立案でき、かつ部下が全力で課題解決に取り組んでくれるからです。

部下のやる気や不満に過剰に気をつかうことなく、また現場の実態をつかめているかどうかあまり心配することなく、顧客のほうを向くことができ、部署でやるべきことに集中できるので、よい結果につながります。

アクティブリスニングを徹底するだけで、上司としてのリーダーシップが格段に強くなっていきます。しかもすぐに強化されます。

上司のリーダーシップを強化するポイントは、

1. 自信がなければ、アクティブリスニングを徹底する
2. アクティブリスニングをすることで、部下との関係が大きく改善する
3. アクティブリスニングを徹底して、社内外の情報をより素早く把握する
4. 部下がより集中して業務に取り組むことで、成果が出やすくなる
5. 部下からの相談が増え、よりスムーズに助言できる
6. 好循環が生まれ、自信が湧いてきて、リーダーシップがさらに強化できる

などになります。

理解・実行チェックリスト

- □ アクティブリスニングをきちんとすると、部下が生き返る
- □ アクティブリスニングによって、萎縮していた部下も元気になる
- □ アクティブリスニングをしてあげると、部下が自信を持つ
- □ アクティブリスニングをする上司への信頼感が増す
- □ アクティブリスニングによって、上司のリーダーシップが強くなる

お勧めするＡ４メモ タイトル例

- 部下はどうして萎縮しているのか
- どういうとき、部下の顔が明るくなるか
- 部下が自信を持つのはどういうときか
- 部下が上司への信頼を失うのはどういうときか
- 上司のリーダーシップを強化するには？

部下のやる気を引き出すにはどうすべきか

1. 部下がやる気を持てないのはなぜか

—
—
—
—
—

2. やる気のある部下はどうしてそうなのか

—
—
—
—
—

3. これまで部下のやる気を引き出せた経験は？

—
—
—
—
—

4. アクティブリスニングをしてどうやる気を引き出していくか

—
—
—
—
—

CHAPTER

4

アクティブリスニングすると、問題の全体像が把握できる

Active Listening

何が問題か見えないとき、アクティブリスニング

仕事でもプライベートでも、何か気になる、何かが問題、ということはよくあると思います。何か変だけれども、うまく言えない。表現できなくてやや気持ち悪い。

そういうとき、どうしていらっしゃるでしょうか。

安心して相談できる相手がいればいいですが、なかなかそうはいきません。へたに相談すると、弱みを握られたり逆手に取られることもありますし、人に言いふらされたりすることもあります。「この人はこんなことも知らなかったよ」「こんな馬鹿なこと言ってたよ」という感じですね。悪意はなくても気分はよくないし、どこから見ても決してプラスではありません。

実はこの場合も、アクティブリスニングが役立ちます。

今気になっている当の部下やお客さま、あるいは上司の話を聞きます。

部下の場合：まずは「何をぐだぐだ言ってるんだ」と頭ごなしで怒鳴りつけたりせずに、深呼吸して話を聞きます。ただ部下は萎縮していますので、それを解きほぐすのが第一歩です。

そのためには、こちらがリラックスして話を聞く必要があります。ところどころで部下が詰まったら呼び水的に話を向けたり、ちょっとした質問をはさんだりして、またスムーズに話し続けられるようにします。

こちらにきちんと聞く姿勢があれば、部下はどんどん話してくれます。これまで話せなかったことも話せて、すっきりした顔になります。何を言われてもこちらがリラックスしていることが大切で、内心怒りを持っていると隠しきれず、威圧してしまいます。

部下が話し終わる頃には、何が問題なのか、どこでひっかかっていたのか、かなりよく見えます。部下が萎縮せずに話せると、問題の全体像ははっきり浮かび上がってきます。

ただし、部下は全体像を見ていないことが多いので、「こういう点はどうか」「あの点はどうだったか」など質問をすることが大切です。そうすれば問題の見落としがなくなりますし、部下も視野が広がって成長します。上司に感謝し、尊敬もします。

お客さまの場合：お客さまは何でもストレートに話してくれる、文句があれば言ってくれる、とはあまり期待できません。罵倒しかしないお客さまもいますが、ほとんどのお客さまは、「本当はこうしてほしい」「どうしてこうなってないのかな」と思いながらも、なかなか話してはくれません。それでいて、不満があれば、何も言わずにいなくなってしまいます。

そこで、アクティブリスニングが重要になります。本音を言わないお客さまが

「話してもよさそうだな」
「わかってくれそうだな」
「誠実そうだな」

と思ってくれるように、耳を傾けます。ところどころでもっと深掘りする必要があると思えば、あまり遠慮せず、ただし丁寧に質問します。

こちらに聞く姿勢があれば、お客さまは安心して、話してくれます。元々話したくないわけではないのです。言っても無駄だし、うるさがられるかなと思っていることが多いと思います。面倒くさいから話さない場合もあるでしょう。

アクティブリスニングによってその壁をうまく超えて、率直に話していただければ、何が問題だったのか、すぐわかります。お客さまの印象も劇的によくなります。

気をつけなければならないのは、お客さまはすべてをわかった上でこちらが理解しやすいように話してくれるわけではないことです。通常は、

- 自分が困っていることしか話さない
- 商品・サービスの全体像を見て話すわけではない

- ちょっとしたことだと言わないこともある
- 競合商品の水準など知らなくても、適当に話すこともある
- 噂だけで話すことは普通（あながち間違いでないことも多い）

という問題がありますので、お客さまがどういうスタンスで、どういう利害関係で、どういう知識をもとに、どういう意図で話してくれているのかを想像しながら、アクティブリスニングを進める必要があります。ただ傾聴、拝聴するのではなく、よく理解できないところ、辻褄が合っていないところは、失礼のないよう、丁寧に質問して明らかにしていきます。

どこまで掘り下げて聞けば十分かについては、簡単な目安があります。聞いた話を誰かにわかりやすく説明できるかどうかです。人に話すと思えば、よくわからないところ、説明できないところが自然に気になるので、質問しそびれることがありません。

後は、遠慮しすぎないことです。「失礼な態度」と「丁寧ではあるものの過度に遠慮しない態度」は全く別です。また、質問することが「生意気な態度」では全くありません。

もちろん、関心があっての質問ではなく
「相手を困らせようとしての質問」
「相手の知識レベルを試すことをねらった質問」

「相手を陥れる意図のある質問」

は論外です。

経験・スキルに乏しい人は、お客さまの貴重な話を深く理解できないことがままありますので、要注意です。大事なお客さまに対しては、十分経験・スキルのある人が話を聞かせていただく必要があります。貴重な機会ですので、活かせればと思います。

最後に上司ですが、上司は実は難関です。

上司の場合：何が問題かわからないとき、上司もわかっていないことが多いと思います。そういう状況で上司に聞くと適当にごまかされるのがオチです。あるいはへたをすると、不機嫌になります。ですので、身も蓋《ふた》もありませんが、部下の側で想定するしかないかも知れません。
また、上司にアクティブリスニングをすると、調子に乗ってどんどん自慢話をしがちです。ただでさえ部下の話を聞かずにべらべらしゃべってしまう上司が多いので、自慢話でなくても、お説教になったり、過去のうんちくになったりします。そこに価値がないわけではないのですが、部下の話を聞かずに上司が一方的にしゃべるのは問題です。また、何だかんだ自分の話、家庭や子どもの話などになってしまうと、部下にとっては何の興味も湧かず、苦痛のことも多いと思います。

そのときはたぶん止めようがないので、人間観察に時間を当てることをお勧めします。

「この上司はどうしてこういうことを話したいのか」
「彼はどういう経験から今のような上司になったのか」
「何が好きなのか、何はすごく嫌なのか」

などをできるだけ想像するのです。

いい勉強になりますし、何より上司研究から得られた知見は仕事をしていく上で役に立ちます。

また、いつまでもそういうことをしているわけにはいきませんので、折を見て、何とか話を戻し、ここぞとばかりにアクティブリスニングをして、適切な方向に進めていきます。できればラッキー、できなければ流してしまいましょう。

問題が見えないときにアクティブリスニングではっきりさせるポイントは、

1. 部下に対しては、威圧しないようにともかく話を聞く
2. 部下は全体像が見えていないことも多いので、質問により見落としを防ぐ

3．お客さまに対しては、本気の聞く姿勢を見せて問題点を話していただく
4．お客さまは自分の視点からだけ話すのでお客さまのスタンス、利害関係を十分想定する
5．お客さまへの質問を遠慮しない。ただし、丁寧な姿勢で
6．お客さまを困らせるような質問、知識レベルを問うような質問はしない
7．上司があまりにもしゃべるときは、人間観察に時間を当てる
8．折りを見て、何とか上司の話を本題に戻す

などになると思います。

やばいなと感じたら、アクティブリスニング

プロジェクト進行中にやばいなと感じたとき、私は即座にアクティブリスニングをして現状把握をします。

やばいとは、

「どうしても全体像がつかめず何が起きるかわからない」

「何かの危険が近づいているかも知れない」
「このままでは何かが爆発するかも知れない」
というときで、躊躇なく、当事者をつかまえて聞きます。当事者がいなければ当事者の近くにいる人、そうでなければなるべく客観視ができ全体像を把握している人を探します。

このとき、緊急ではあるのですが、詰問調になってしまうと相手が萎縮しますので、十分注意してください。相手だけではなく、自分自身も発想が固まってしまい、最善手を打てなくなってしまいます。

全力疾走していても、肩に力が入らないようにあくまで伸びやかな気持ちが必要です。その余裕があれば、相手もそこまで緊張せずにすみます。

アクティブリスニングに慣れていれば、2〜3人に集中的に聞くことで、8割がた状況は見えます。見えたら、

- 取れるリスク、取れないリスク
- 即座に対応すべきアクション
- 経過を見ておけばいい懸案事項
- 中期的に対応しなければならないかも知れないアクション

を整理します。

ただ、上のほうの人へのアクティブリスニングだけでは偏《かたよ》るので、同時に現場の人も、また違う立場の人にも聞きます。裏取りですね。そうすれば、ほぼ安心してやばさの原因が把握でき、適切に対応できます。

やばいなと感じたときのポイントは、

1. 当事者、当事者の近くの人と至急話し、状況を把握する
2. ただし、詰問調になりがちなので、十分注意する
3. 現場の人にも必ず話して両面から理解する
4. 最悪、何が起きるかを理解する
5. 最悪の事態が起きる条件、状況を把握する
6. 最悪の事態の回避方法を検討する

となります。

もやもやしたら、アクティブリスニング

もやもやするときも、アクティブリスニングが助けてくれます。もやもやするのは、頭が整理されていないとき、おかしな話がまかり通っているとき、あるいは物事が複雑すぎたり微妙だったりしたときです。

頭が整理されていないとき：いくつかあります。

・大事なことと大事でないことがごっちゃになっている
・順序がなく、デタラメになっている
・気になることが多すぎて混乱している

アクティブリスニングをしながら相手の話を聞いていくと、これらが自然に整理されていきます。何が問題で何が問題でないか、何と何はつながっているのかいないのかが話の中から出てくるからです。

ほとんどの人は整理して話そうとはしてくれませんし、話そうとしても話せないことも多

いので、話が飛んだり、切れたりします。ちょうどそこがわからない、そこを聞きたい、というところをアクティブリスニングによってうまく聞き出すと、全体像が見えて、もやもやが消えていきます。

おかしな話がまかり通っているとき：プロジェクトや組織の実情、実態に詳しい人にアクティブリスニングします。本当におかしいこともありますが、プロジェクトや組織のリーダーの立場でよく聞き、理解する努力をします。そうすると半分くらいは「まあ、そういうこともあるかな」くらいには理解できるので、もやもやが大きく減ります。

これをせずに、「おかしい」「いったいどうなってるんだ」「ありえない」と憤る人が多いと思いますが、もったいないです。ストレスにもなり、余計なエネルギーを使います。次のようなテーマでA４メモ書きをすると、少し理解が進みます。

- この話はどこがおかしいのか
- 本当におかしいのか
- プロジェクト／組織リーダーにもし質問したら何と答えそうか
- 百歩譲って、どういう説明がありえそうか

・おかしいと思う自分は何に敏感に反応しているのか

物事が複雑すぎたり微妙だったりするとき：単に頭あるいは知識が追いついていない状況です。上司あるいは同僚、先輩にアクティブリスニングをすると、複雑だと思っていたことが簡単に整理できることだったり、微妙だと思っていたことが実は違って見えたりします。

これに限らず、もやもやを感じたら放置しない、という習慣が何より大切かも知れません。

もやもやを早くなくすポイントは、

1. もやもやするのはどういうときなのか、場合を分けて考える
2. 頭が整理されていないときは、大事かどうか、順序がどうかなどをアクティブリスニングによって確認する
3. おかしな話がまかり通っているときは、実情、実態に詳しい人に話を聞き整理する
4. 物事が複雑すぎたり微妙だったりするときは、上司、先輩に話を聞き、整理する
5. 迷ったら、アクティブリスニングでもやもやを一掃する

などかと思います。

霧の向こうの姿が浮かび上がってくる

仕事でも何でも、目の前に霧がかかっていて、向こうの姿がよく見えないことがあります。何が何だかよくわからない、五里霧中、という感じです。

そういうときにアクティブリスニングをすると、急激に霧が晴れていきます。ただ聞くだけではなく、間に質問をはさんでいくからです。霧の向こうなので、目安をつけるためにいくつか違う方向から藪《やぶ》を叩いていきます。

相手が話すのに任せていると、本当は聞きたい多くの質問をしそびれてしまい、霧の向こうがなかなか見えてきません。

質問とは、

- 最近、何か出来事はありましたか
- どういう問題でしたか

・なるほど、そのときどう思われましたか
・それで、大丈夫でしたか
・すごいですね。びっくりしました。特に何がポイントでしたか
・こちらのほうはいかがでしたか
・そうですよね。それはよかったですね。問題なく進みましたか
・いやあ、本当にすごいです。この点、もっと教えてください

などを丁寧に、ただ素早くリズミカルに聞いていくことで、短時間で結論を出します。あえて言えばテニスや卓球のラリーに近い感じです。

これができるとかなり手応えがあり、相手との距離も一気に縮まります。20～30分わっと話して、すっかり打ち解けた感じになります。キャッチボールのテンポが速くなり、お互い身を乗り出した感じになります。

この意味で、アクティブリスニングは、人との触れ合いの重要な手段の一つですね。

霧の向こうの姿を把握するポイントは、

1. アクティブリスニングによって霧が晴れると信じ、話を聞く
2. 相手が話すのに任せず、次々に質問する
3. 丁寧に、素早くリズミカルに聞くことで、相手が楽しく話せるようにする
4. 相手との距離を一気に縮めていきながら、全体像を把握する

などとなります。

慣れてくると、問題の本質がすぐに見える

こうやってアクティブリスニングに慣れていくと、問題の本質がすぐ見えるようになります。

問題の本質が見えない人というのは、表面的な問題にとらわれている状況です。何が大事で何は大事でないか、普段からあまり考えていないし知識も不足しているので、判断がうまくできません。

新入社員ならしようがありませんが、社会に出て数年以内には身につけておいたほうがい

いですね。

アクティブリスニングを習慣化すれば、真剣に、徹底的に聞くことで相手が心を開いて本音を話してくれ、適切な質問によってさらに深掘りでき、話を聞いているうちに問題の本質が見えるようになります。

例えば、ある社員の個人的な不満だと思って聞いていたら、実は、組織間の役割重複が本質的な問題だったり、経営者の方針の問題だったり、売上的には安定的な事業だと思っていたのがよく聞いてみたら利益率の低いセグメントが伸びて問題を隠していたり、がわかります。

書類をいくら見てもわからない、あるいは見つけづらいことがアクティブリスニングによってかなり短時間に見つかるようになっていきます。

どういうとき、どういう質問をどういう順序でするのがいいのかも、自然に頭に浮かび、行動できるようになります。

問題の本質を見抜けるようになるポイントは、

1．何が表面的で、何が表面的ではないかをいつも考えるようにする

2．表面にとらわれた際に気づくポイントをチェックする
3．迷ったとき、誰に相談すれば本質を見抜けるか、把握しておく
4．ネット上の記事などで、何が問題の本質なのかを見抜く練習をする
5．アクティブリスニングを習慣化する

などとなります。

理解・実行チェックリスト

- □ 何が問題か見えないとき、アクティブリスニングによって解明できる
- □ もやもやしたときは、アクティブリスニングによって速やかにもやもやが消える
- □ やばいと感じたときも、アクティブリスニングによって解消する
- □ 霧がかかっていて見えないとき、アクティブリスニングによって見える
- □ アクティブリスニングによって問題の全体像を見抜く練習をする

お勧めするA4メモ タイトル例

- 何が問題か見えないとき、どうやって把握すればいいのか
- もやもやするのはどういうときか、どうすれば解消するのか
- どういうとき、やばいと感じるのか。どう対応すべきか
- どういうとき、問題の全体像が把握できるか
- どうすれば、いつも問題の全体像を素早く把握できるようになるか

問題の全体像を素早く把握するには

1. 話を聞きながら、どうやったら問題の全体像がはっきり見えるのか

―
―
―
―
―

2. どういうときには問題の全体像が見えたか

―
―
―
―
―

3. どういうときは全体像が見えず苦労するか

―
―
―
―
―

4. アクティブリスニングによって何をどう変えるか

―
―
―
―
―

CHAPTER

5

アクティブリスニングするだけで、問題が解決できる

Active Listening

問題の本質が見えると、どうすべきか浮かんでくる

アクティブリスニングは、あくまで「聞くスキル」「少しだけ丁寧な聞き方」と思っておられるかも知れません。私も最初はそう思っていました。

ところが、自分でアクティブリスニングを繰り返すうちに、決してそうではないことに気づきました。問題の本質が見えるだけではなく、どうすべきかが自然に浮かぶようになったからです。

話を聞き、次々に質問し、答えていただく中で問題の本質が浮かんできますが、それとほぼ同時に、「そうか、なるほど。そういうことだったのか。それだったらこうすればいいのでは？」と一瞬のうちに見えるようになります。

問題の本質を見抜けると、何が問題でどのように悪さをしているかが手にとるようにわかります。「あるべきものがない」「すべきことが邪魔されている」などがわかるので、「であれば、こうすれば解決できるのではないか」と見えてくる、という状況です。

アクティブリスニングで質問をすることにより、相手の理解も深まり、おのずと相手が無意識のうちに問題の本質だけでなく、解決策も話してくれることもあります。

もちろん、知識がなく、また普段からほとんど考えることをしないために問題を見ても何

も感じない、という状況では閃きようがありません。

日頃から閃くための準備として、できるだけ、

1. いろいろなことに関心を持ち、Google検索でよく調べておく
2. 重要だと思うキーワード30~50個はGoogleアラートに登録して毎日記事を読む
3. 疑問を感じたらすぐ調べるか、詳しい人を探して聞く
4. 気になること、もやもやすることはすぐにA4メモに書く
5. ブログで勧められている本、人が勧める本はできるだけ読む
6. 展示会、講演会、カンファレンスなどに月一度以上は参加する
7. 人に相談されたときは気軽に相談に乗る

などが大切です。こういうことを続けていると頭の回転が速くなり、問題の本質が閃くようになりますし、問題の本質がわかればすぐ解決策が浮かぶようになります。

もちろん、すべて仮説ベースですので、たぶんこうだろうとイメージができてから情報収集をしたり、別の人と話して裏取りをしたりする必要があります。仮説↓検証↓修正のプロセスを何度回したことがあるかが運動神経を決めます。

当然、イメージなくただインタビューを繰り返していたり、絨毯《じゅうたん》爆撃的に情報収集と分析を繰り返すのに比べて断然スムーズに進みます。

最初は少しとまどうかも知れませんが、誰にでも備わっている能力なので、ぜひ感度を上げ、活用してください。

ただ、ちょっとだけコツがありますので、むずかしいと感じたら、ぜひ遠慮なくメールでご相談ください（akaba@b-t-partners.com）。すぐにお返事します。

解決策が浮かぶようになるポイントは、

1. 普段から問題の本質と解決策を考える癖を身につける
2. 問題の本質がずれると解決策を間違えてしまうことを肌で知っておく
3. 問題の本質を把握したら、どういう解決策があるのかを整理しておく
4. 仮説→検証→修正、というステップを常に繰り返す
5. 必要に応じてすぐに内外の記事数十本を読んで裏取りをする
6. 思いついた解決策が妥当か、相談相手を見つけておく

などです。

問題を正しく把握できるので、表面的な答えにならない

アクティブリスニングによって問題を正しく把握できると、本質を突いた適切な解決策が浮かびます。

表面的な答えというのは、目先の問題点だけに注目した答えであり、真の原因を把握していないので本当の痛みを解決できません。

例えば、リモートワークでオンラインミーティングをしているときに、「顔が見えないので仕事の調整をしづらくて困る」という問題指摘があったとします。

これは、表面的には、顔が見えないために仕事の調整がしづらい、仕事の調整に手間取る、わけですが、本質は顔が見えないことではなく、各自の業務・役割が明確でないことにあります。

それがわかれば、「顔を見えるように全員がカメラを使う」ことが答えではなく、リーダー

が各自の業務・役割を整理して文書化し、誤解、理解不足が起きないようにすることが答えになります。

よく言われる、「コインの裏返し」的な、表面的な答えではなく、深くものを考えられるようになります。

表面的な答えを避けるポイントは、

1. 常識的、表面的な答えは間違いである可能性が高いので避ける
2. いつも本当か、これは間違っているのではないか、と疑い続ける
3. 情報収集も、反証、反例を意識して探す
4. 思いついた答えで、想像されるすべての問題が解決できるのか、すぐに考える
5. 少しでもあやしいと思ったら「これ、本当なんですかね?」と聞いてみる
6. 「なぜそうなのか、どういう仕組みなのか」と改めて問う

などかと思います。

仮説をお互いに言い合い、深めていく

アクティブリスニングの醍醐味は、お互い思っていること、こうかなと思っていることを言い合って、考えを深めていくことです。「こうかなと思っていること」が仮説です。今自分が確からしいと思っている考えのことです。

相手：「この問題はこういうふうに見るといいと思うんだよね」
自分：「なるほど、そうなんですね。だったらこの点はどうなんでしょうか」
相手：「ああ、それはね。こうかな。きっとそうだね」
自分：「なるほど、それは気づきませんでした。そういう見方ができるとはちょっと驚きです。そうなんですね」
相手：「いやあ、面白いね。こういう見方は自分でもあまりしたことがなかったよ」
自分：「そう言っていただけて、嬉しいです。これについてはどうでしょうかね」

といった感じになります。

一人でああかな、こうかなと自問自答することも大切ですが、相手とこういう会話ができると一気に考えが深まります。

会話できたことで信頼関係が生まれますし、信頼関係が生まれたことでより深くダイナミックな会話ができるようになります。仮説はますます深くなります。

仮説を立てられる人、深められる人は、問題解決ができるので、仕事もでき、プライベートも充実します。人生を楽しめる人になります。

こういったかけ合いをして仮説を深めていくポイントは、

1. 相手が何を言いたいのか常に考え続ける
2. 相手の発想の限界、考えていなさそうな部分がどこなのか、想像する
3. その点を質問してみる、話を振ってみる
4. 反応がよければ、続けて二、三、質問し続ける
5. はずれていれば、別の点を聞いてみる
6. ときどき、相手の話を軽く要約し、さらなる深掘りを促す
7. ところどころで感謝の気持ちを表す

などになります。

浮かんだ解決策をその場で相手に話し、すり合わせる

アクティブリスニングをすると、問題の本質が見え、解決策も浮かんできます。ただ、その解決策はまだ荒削りであるため、確認が必要です。

その場で相手に話し、感想を聞きます。聞きながら、「だとすると」「そうすると」「そういうことだったら」など追加で質問し、やりとりを通じて解決策の完成度を上げ、すり合わせていきます。

例として、新事業を生み出すことが会社の課題であるのに、なかなか進まない状況だとします。

いろいろやってみても全部うまくいかないので、これまでとは違うアプローチをしないといけないことまでは合意できました。

新事業経験のない開発者のお尻をいくら叩いても何も変わらない、という過去の反省を踏

まえて会話が続きます。結果、これまでとは異なる解決策が浮かんできます。

・新事業を生み出した経験のない研究者の頑張りに依存していた
　➡研究者の頑張り以外のアプローチが必要
・顧客ニーズを把握してこなかった
　➡直接の把握が必須。ここが出発点
・アイデアが本当に物になるかどうか確認してこなかった
　➡すばやい実証テストが不可欠
・事業化経験がないので、何をやったらいいかわからない
　➡事業化への支援が必要
・研究者なので、普通は事業化への熱意もスキルも乏しい
　➡事業化に向いた人が必要

これをもう一歩踏み出すと

・研究者依存の無理な要求をするのではなく、

- 顧客の痛みを研究者本人が直接聞いて把握し、
- 確認するための実証ミニプロダクト（プロトタイプ）を短期間で構築し、
- 問題把握・解決力の高い支援チームを設置して、徹底的に支援し、
- 事業立ち上げ経験者を内外から採用し、事業化リーダーとして任命し、

強力に推進してはどうかという解決策が見えてきます。

これをさらに繰り返し、深掘りしていくと、過去の問題点を踏まえた効果的な解決策が生まれます。相手は、自分のインプットで問題点が整理され、解決策も見いだされていくので、大いに満足してくれます。

最後に、アクティブリスニングからの結論と自分の意見のバランスをどう取るかについてです。

アクティブリスニングで質問しながら、解決策が見えていきます。この時点ですでに「相手の意見」に「自分の意見」が合わさって融合し、より高い次元からの解決策が生まれると考えられます。

浮かんだ解決策をその場で話してすり合わせるためのポイントは、

1. 問題の本質を改めていろいろな角度から考えてみる
2. なぜそうなっているのか、なぜその問題が起きたのかを考えてみる
3. 上から下から、前から後ろから、中から外から、横から見てみる
4. 普段からのインプットを基に、新しい角度からアプローチを考える
5. 答えが浮かんだら、相手に話して感想を聞く
6. 相手の感想に対して次々に質問し、解決策の精度を上げていく
7. 「だとすると」「そうすると」と、解決策をさらに仕上げていく
8. あらゆる角度から相手に質問し、解決策の妥当性を確認していく
9. 問題の本質に答えた解決策が生まれるか、相手がしっくりくるまですり合わせする

などになります。

慣れてくると、その場で問題を解決できる

こういったことを繰り返して、アクティブリスニングでの問題把握と解決策立案に慣れてくると、だんだん感度が上がり、頭の回転も速く鋭くなって、その場で解決策の立案だけではなく、問題の解決までできてしまうこともよくあります。

他の人を巻き込まないといけないとか、他の部署を動かさないといけないとかの解決策の実行には時間がかかりますが、解決策が見えた瞬間に解決する問題も少なからずあるためです。

ケース1：例えば、仕事が整理できず悪循環に陥っていた方の話を聞いて、

・本当にやらなければならない仕事か
・部下にやってもらうべき仕事か
・ばっさり切り捨てられる仕事か

を整理してあげることで優先順位への迷いがなくなり、その場でアクションへの決断ができた場合は、ほぼ問題を解決できたことになります。

ケース2：部下を15人抱えていてうまく管理できずにいた上司の話を聞いて、

・そこそこに頼れるサブリーダーが3人いるのに、活用していなかったことがわかった

・彼らの下に部下を３人ずつ入れると、サブリーダーも育つし、コーチングも丁寧にできそうなので、問題は別になさそうなことがわかった
・そうなると、上司は15人の代わりに、３人のサブリーダーと、３人の遊撃隊、合わせて6人だけ進捗確認とフォローをすれば十分できることが見えてきた
・月曜朝一番に３人のサブリーダーを読んで話をし、その後の部会で発表すればよさそうだとわかった

と整理できると、ほぼ問題が解決できたことになります。これまでとは違うチーム体制とし、実行上のボトルネックも特にないので、週明けからすぐに実行可能な状況です。

ケース３：上司の発言が気になってものすごくストレスを溜めていた方の話を聞いて、
・上司の真意が何だったかＡ４メモに書いてもらった
・過去の同様の発言の際に結果として何が起きたか、Ａ４メモに書いてもらった
・自分が特にストレスに感じる理由をＡ４メモに書いてもらった
・今の自分の自分のスキル、実績から言って、何も気にする必要がないことに、質問に答えている中で気づいた
・何だかストレスを感じていたのがうそのように、すっきりした気持ちになった

と整理できると、一件落着したことになります。単純そうに見えますが、実はそうでもありません。上司の真意が何か、過去に何が起きたか、何がストレスなのか、などをA4メモに書いてもらうことで初めて、普通はなかなかむずかしい「自分の客観視」のベースができました。

そこにアクティブリスニングを組み合わせることで、「気にしなくてもいいんだ」と納得いただけたわけです。

たぶん、上司の発言がすごく気になりストレスがひどい場合、同僚や友人を誘って愚痴を言ったり相談したりすることも多いかと思います。

聞いてもらえば心が安まるだろうと思ってするわけですが、言うほど自分の客観視ができるわけではありません。くどくどと自分の辛さを訴えて終わりになったり、同僚や友だちから慰めにならない慰めをされて、もやもやしながら家に帰ったりが多いのではないでしょうか。

ケース1〜3はA4メモとアクティブリスニングによって、はるかに短い時間ですっきり問題解決できたという例です。

このように、解決策が見えた瞬間に解決する、すなわち慣れてくるとその場で問題の解決が進む、というわけです。

リアルタイムに問題解決をするポイントは

1. 解決に他の組織を動かしたり、時間がかかったりするかどうかを見極める
2. そうでない場合は、今この場で問題解決できるかどうか考える
3. 問題を解決する上で何がひっかかるかを確認する
4. その点を解決する手段を書いてみる
5. 解決までのスピード、効果、組織への親和性などを考え、解決策を決定する
6. 可能なら、その場で問題を解決する

などとなります。

理解・実行チェックリスト

- □ 問題の本質を見抜いて解決策を考える練習をなるべく多く行う
- □ 何が表面的で何が本質的かをよく吟味して解決策を立案する
- □ 何に対しても自分の意見を仮説として持つようにする
- □ 解決策が見えたら話し合って深めていく
- □ アクティブリスニングをしながら問題解決にチャレンジする

お勧めするA4メモ タイトル例

- どうやって問題の本質を見抜くのか
- アクティブリスニングをするとどうして問題の本質が見抜けるのか
- 本質的な解決策と表面的な解決策はどう違うのか
- 仮説を持つのが苦手な同僚にどう助言するか
- その場で問題を解決できるのはどういう場合か

どういうとき、問題解決がスムーズに進むのか

1. どういうとき、問題解決がうまく進まないか

–
–
–
–
–

2. ボトルネックは何だったか

–
–
–
–
–

3. アクティブリスニングで問題解決をスムーズに進めるには？

–
–
–
–
–

4. アクティブリスニングに加えて何をするとより効果的に問題解決を進めることができるか

–
–
–
–
–

CHAPTER
6

アクティブリスニングのやり方
——質問、深掘り、まとめ、Ａ４メモ書き

Active Listening

ひたすら聞く、相づちを打ちながら聞く

ここからは、アクティブリスニングの具体的なやり方についてお話しします。

アクティブリスニングの鍵は、

「ひたすら聞く」×「相づちを打つ」×「疑問があったら躊躇なく聞く」

にあります。

ただ聞くだけ、傾聴、拝聴などは、かしこまって聞くことです。これだと聞くだけで頭を使っておらず、思ったほど理解が深まりません。ましてや、質問して答えていただく、さらに質問して答えていただく、といったかけ合いをしながら議論を深めることなど、到底できません。

あえて「アクティブ」という形容詞をつけているのも、ここに理由があります。

ただ聞くのではない、傾聴、拝聴するのではない、ということです。

では、３つの点を順番に考えていきたいと思います。

「ひたすら聞く」：ひたすらとは、どの程度ひたすら聞くとよいのでしょうか。

すべての言葉に集中し、できる限りそのまま理解します。「うわの空」ではなく、一言一句理解していきます。余計なことを考えず、相手の言葉そのものの理解に努めます。

人の話を聞きながら別のことを考えてしまう方がよくいらっしゃるようですが、これはダメです。すぐにばれて、うわの空であることが相手に伝わってしまいます。その瞬間、相手は話したくなくなります。「こいつに話してもだめだな」と思わせてしまいます。

ここは文字通りの「拝聴」が必要です。全身全霊を傾け、話を聞く、相手の真意を理解しようと努めることです。きちんと全部説明してくれるわけではありませんし、言いたくないこともあるでしょう。

- 何を考えていて、何を話してくれているのか
- 何を伝えようとしてくれているのか
- 何は注意深く避けているのか
- 何は不注意で説明不足なのか

そういうことを必死に考え続けます。

これは決して容易なことではありません。背景知識、人生経験、言葉への感度と理解力、深い洞察力、考察力などを総動員する必要があります。

許される場合は、メモを取るほうがいいです。しかもキーワードだけではなく、なるべく相手の発言した内容をそのまま全力で書き留めます。要点、キーワードだけ書き留める人がよくいますが、これだと微妙なニュアンスやメッセージを書き留めることができません。

話し言葉を書き留めることができるのか不安な方もいらっしゃるでしょうが、できます。私はいつもやっています。話すのが速すぎて追いつかないということはまずありません。練習は必要ですが、一生役立ちますので、ぜひチャレンジしてみてください。

普通は考えながら話すので、時間に余裕があります。早口の人でも間が空くことはいくらでもあります。

「あのう」「ええと」などの言葉はもちろん省略しますし、「〜〜という傾向ですね」は「〜〜という傾向」とするなど、語尾を省略します。

十分できます。慣れだけの問題です。私は素晴らしい方のお話をお伺いするときは、A4メモ用紙を左右に分けて左側を上から下まで、右側を上から下まで箇条書きにし、何ページにもわたって書き留めます。

「相づちを打つ」：ご存じかと思いますが、聞く側が無反応だとものすごく話しづらいものです。過度な反応は不要ですしお勧めできませんが、適度で自然な相づちは話し手の気持ちを高め、もっと話してくれるようになります。

ただ、よくものの本やライフハックのブログに書いてあるような「さすがですね」「○○さんならではですね」などは安っぽいので、私はあまり言いません。営業の方はわざとらしく言われることが多いので、厳選して使ったほうがいいです。

もちろん、本当にさすがだと思えば「さすが」と言えばいいし、「本当に素晴らしいですね」「感動しました。こんな話初めて聞きました」と言えばいいです。心の底から思っている場合は、不自然さはないので気にしなくて大丈夫です。でも、それは本当に感動して涙が出たときに言えばいいことです（そういうことも実際あります）。

つまり、適当に「でまかせ」を言うな、ということです。大げさな反応を喜ぶ人も確かにいますが、それにつられず抑制の効いた相づちを打つことをお勧めします。大げさな悪い癖が身につくと、心がこもっていないことをまともな人には見抜かれてしまうからです。

「疑問があったら躊躇なく聞く」：この一言には3つの要素があります。まず「適切な疑問を持つこと」と、それから「躊躇なく質問すること」、そして「的確な質問をすること」の3つです。

「適切な疑問を持つこと」：一言で言えば「わからなければ聞く」ことではあるのですが、その状況に関してあまりに知らなすぎたり、あまりに社会常識がなかったり、相手の本やブログに書いてあるのに不勉強だったりすると、聞くことでみすかされてしまいます。「真剣に聞きたいのではないな」と思われたり、「話を聞くことではなく、話をしたことを人に自慢したいのかな」と思われたりするのです。人間ができていると顔には出しませせが、その時点で見切られて、おざなりな話で終わってしまうでしょう。

一方、調べられることは全部調べ、全部読んだ上で話を聞けば、有意義な時間になり、浮かんだ疑問はそのまま意味のある適切な疑問になります。いわゆる「宿題をやっておけ」であり、手抜きをすると一発で見抜かれます。

ミーティングの目的、相手の立場、こちらの立場、置かれた状況、ミーティングの時間帯、ミーティングの予定時間などによって、適切な疑問が何かの目安も変わってきます。ゆったりとしていればいろいろ質問でき、時間がなければ質問をしぼります。

「躊躇なく質問すること」：これも簡単ではありません。一番気をつけるべきは、話の腰を折らないように質問することです。質問されるのが好きで喜んで話してくれる人ならあまり気をつかわなくてもいいですが、普通は十分注意したほうがいいです。

アクティブリスニングはどちらかというと口下手な人、あまり話をしてくれない人にうまく話していただくときにより効果的な手段ですので、十分に気をつけます。

今質問していいのか、もう少し待ってから質問したほうがいいのかの判断は、「質問することで話の腰を折らないと思えるなら、質問する」と考えておけばよいと思います。

そうした注意を払っていても、盛り上がったところでうっかりエネルギーレベルを落としてしまったと思うこともあります。そのときは相づちだけに戻してまた元気で話し続けてくれるのを待つ、というような感じです。

何度か質問の機会がありますし、挽回もできますので目安としてご理解ください。相手の話したいという気持ちが高まっているかどうか、いつも考えていればそれなりにわかります。

「的確な質問をすること」：これが一番むずかしいです。単純には「話の流れから言ってわからないところを聞く」ことなのですが、へたに聞くと水を差してしまいますし、警戒もされます。

適度な聞き方をすると「お、こいつそこまでわかっているんだ」「問題をわかってくれていて話が早い」と一気に火が燃えさかります。一度そうなると、もうそこまでむずかしくはなくて、好奇心にもとづいて次々に質問しても「待ってました」「よく聞いてくれました！」とどんどん話が弾んでいきます。

相手とこちらの問題意識が近ければ、話が盛り上がります。問題意識が近くて、立場や経験は違うので、お互い大きく触発されるからです。

こうなると、相手と意気投合できて、わかり合えたり、大変よい友だちになったりすることもよくあります。

ここで注意すべき点があります。

部下の場合の「的確な質問」についてです。部下の悩みは、親との関係からきていたり、家族との関係であったり、あるいは上司、同僚、後輩との軋轢だったり、元々の自信のなさだったりすることが多くあります。

どうしても、そういった微妙な点に触れることになります。ただ、その際、威圧感なく、妙な好奇心も哀れみもなく、自然体で話を聞いてあげることが一番です。

アクティブリスニングをする際は、親身であってもある程度プロフェッショナルな姿勢を保っておくことが必要ですね。

最後に、「アクティブリスニングをすると、相手がいい気になってべらべらしゃべってしまい、時間を取られすぎてぐったりする」という質問をよくお伺いします。

これに対してはいつもこうお答えしています。

「確かにそういう面はありますが、いったん全部聞いてあげてください。ただし、最大でも1時間で終わりにしてください。こじれそうなら、最初から次のミーティングを入れておけばいいのです」

「ただし、相手が愛着障害気味の「こまったちゃん」「かまってちゃん」の場合は、こちらのことを信頼しているわけでも、頼りにしているわけでもなく、単に不満を吐き出す相手として見ているだけなので、距離を置くしかありません。相手はこちらのことを何も大切に思っていませんので、気にしないのが身のためです」

「話し出してこれはまずい、と気づくことがあります。理由をつけて中断してもいいとは思いますが、そうできないときはその回に限り『この人はどうしてこういう行動、言動をするのだろうか』という観察をすると、ストレスをそこまで感じずに話を聞くことができます。人間観察の勉強にもなります」

ご理解いただけましたでしょうか。アクティブリスニングにも、バランス感覚が必要です。博愛主義で何でも最後まで付き合おう、ということではありません。

一応、友人と思っていた人がバクチでお金をすり、月末前に100万円どうしても貸してくれと頼み込んできても、普通は貸しませんよね。それとある意味似たような判断です。

ひたすら聞く、相づちを打ちながら聞くためのポイントは、

1. 相手の言葉に集中し、できる限りそのまま理解する
2. 余計なことを考えず、相手の言葉そのものの理解に努める
3. 可能な場合は、メモを取る。発言内容をできるかぎり書き留める
4. 適度で自然な相づちで話し相手の気持ちを高める
5. 調べられることは全部調べた上で、適切な疑問をぶつける

などになります。

少し補足しますと、「相手の言葉に集中し、できる限りそのまま理解する」「余計なことを考えず、相手の言葉そのものの理解に努める」ことがそもそもむずかしい、という方もおられるかも知れません。これについては、

私たちがどのくらい理解できるか＝その分野の知識量×集中度×理解力

で決まります。「その分野の知識量」は、普段から好奇心を持っていろいろな分野に関心を持つかどうか、知らないテーマに出会ったときさっと調べるかどうかにかなりよります。

大切なミーティング、面談であれば事前にある程度は調べておくことも大切です。

「集中度」は、晩ご飯に何が食べたいとか週末はこの映画を見ようとかを考えず、目の前の方の話にどこまで集中できているかで、真剣度とも言えます。

「理解力」は、いわゆる「頭のよさ」ですが、これはA4メモ書きを毎日10～20ページ続けていると誰でも驚くほど強化されます。「人は誰でも頭がいい」というのが数千人以上の方々とじっくり接してきた私の考えです。

ソフトに、しかし躊躇なく質問する

「疑問があったら躊躇なく聞く」点をもう少し深掘りします。若干の練習と場慣れが必要です。

相手の話を真剣に聞きしっかり理解すると、疑問が生まれます。「なるほど、そうなんですね。そうすると、この部分はどう考えればいいでしょうか」「ここについてはどう思われますか」というふうに掘り下げていきます。

あくまで関心、好奇心からの質問なので、「本当にそうなのか」という相手の発言を疑うトーンではありません。疑いの気持ちを持っていたり、否定的だったり、批判的だったり、挑戦的だったり、相手を試したり、相手を低く見たりしていると必ず声に出るので、要注意です。アクティブリスニングの出発点に立てません。

躊躇なく聞いていいのかと気にされる人が多いと思いますが、これはトーンに問題がなければ大丈夫です。むしろ歓迎されます。人の話を聞くのが上手な人、なぜか新しい情報をうまく引き出してくる人、インタビューが上手な人は皆、適切なタイミングでちょうどいい感じで躊躇なく質問するので、相手が気持ちよく話してくれるのだろうと思います。

躊躇なく聞くタイミングですが、相手が一瞬止まった瞬間に間髪入れず、質問していきます。待っていてはいつまでも質問できないことが多いからです。タイミングを逸すると質問しづらくなっていきますし、よく理解できないまま話が進むと理解が追いつかなくなってしまうこともあるからです。

それでも聞きそびれることがありますが、その場合は意を決して「先ほど、○○とおっしゃっておられましたが、これは○○という意味でしょうか」と聞けばいいです。普通は喜んで説明してくれると思います。
場合に分けて考えてみます。

部下の話を聞くとき：大半の部下は上司の前では萎縮しています。萎縮していない場合にしても決してリラックスはしていません。構えていることが普通でしょう。「これを言ったらどう思われるだろうか」とか、「今、上司は自分が何を言うことを期待しているのか」とか、仕事ができる優秀な部下もそうではない部下もどちらも、ありとあらゆることを考え続けながら目の前に座っています。

ですので、「ソフトに、しかし躊躇なく質問する」のはかなりの難題です。上司の存在そのものがすでに部下に大きな影響を与えているからです。

私のお勧めは、部下が萎縮せずに話し続けられるようになるまでは相づちやごく軽い質問だけにとどめておくことです。調子が出て、少しくらい質問しても元気をなくさない、という段階で初めて、もう少し躊躇なく質問するほうがよいように思います。

その場合も
「何でうまくいかないんだと思う？」
「どうしてそう思うの？」

「○○部署の人に話を聞いた？」

「この部分はこういう意味？」

という質問は、ちょっとしたトーンで、すべて簡単に詰問調になってしまいます。部下が元気に悩みや課題を打ち明けてくれるまでは、詰問調になりうるような質問は最小限にしておいたほうがいいです。

その後も、あくまで部下が話し続けてくれることを最優先にしながら、質問していきます。ある程度調子が出たり、部下の得意な話だったり、になってくれば、気をつけながら質問することができるようになります。上司のアクティブリスニングは、これほど気をつかい、むずかしいものです。


お客さまの話をお伺いするとき：お客さまの話をお伺いする場合は、本音をできるだけ引き出せるように質問を考えます。お客さまにとって、話すメリットはほぼありません。

「なんで俺がこの商品・サービスについて話をしなくちゃいけないのか」と思っていることのほうが多いと思います。

したがって、お客さまの話したいことに相づちを打ってそのまま聞かせていただき、少しずつ本音を引き出せるように、質問していきます。うまく話が弾み始めたら、躊躇なく根本的な問題に切り込んでいくことも可能です。

目上の方の話を聞くとき：目上の方の話を聞く場合は、できるだけ気持ちよく話していただくのがベストだろうと思います。そういうモードになった後初めて、徐々に質問をし始め、大丈夫であることを確認後、躊躇なく質問していきます。他では聞けない貴重な話もありますので、注意しながら進めていきます。

唯一、高齢だったり権威主義的だったりする方の場合、質問されることをチャレンジと取る方もいらっしゃらないわけではないので、その場合は質問を控えましょう。ただし、そういう方との接点は疲れるし話しづらいので、距離を置くことになってしまうでしょうね。海外ではこういう問題はあまりありません。皆、ものすごく喜んで話してくれると思います。

最後に、どういう質問をしていいのか、というご質問を受けたことがあります。

これはあまり心配することはありません。相手の話を真剣に聞きながら質問で掘り下げていくのがアクティブリスニングですので、突拍子もない質問にはならないからです。

例えば、仕事の話をしている最中に突然、相手が「昨日別居することになりまして」という話から延々と悩みを打ち明け始めた場合には、自然にその関連の話になります。相手はあくまでこちらを信用して話してくれているわけですので、あまり心配せずに進めればよいと考えています。

こんなにプライバシーに踏み込んでいいのか、後で相手が後悔しないのか、自分も後悔しないのか、という点で言えば、アクティブリスニングはあくまで相手次第です。

私も、初めてお会いしたような方にかなり深刻な相談を受けることがままありますが、信用していただいているのだ、ということで真正面から受け止めるようにしています。

ソフトに、しかし躊躇なく質問するためのポイントは、

1. 「疑問があったら躊躇なく質問する」ことを自分の方針にする
2. 相手に関心、好奇心を持つ
3. 相手が一瞬止まった瞬間に間髪入れず質問する
4. 相手の反応がポジティブなら次々に質問していく
5. 相手の反応が今いちなら、しばらく聞くことに徹する
6. 部下の話を聞くときは、萎縮せずに話し続けられるようになった後、気をつけながら質問する

7．お客さまの話を聞くときは、本音をなるべく引き出すように質問する
8．目上の方の話を聞くときは、できるだけ気持ちよく話していただくように質問する

などになると思います。

聞きながら、深掘りしていく

聞きながらどんどん深掘りできると、大変に効果的なのですが、多くの方はあまり得意ではないようです。むずかしい理由は2つあります。

普段からの問題意識の高さと、こまめな情報収集が必要：仕事に関してはもとより、AI・自動運転の最新動向や、性別による役割分業、気候温暖化、少子化対策など、広範囲に問題意識を持ち、普段からGoogleアラートなどを活用して情報収集を続けているかどうかが問われます。

自分には興味がないから、関心がないからと切り捨てず、何にでも好奇心を持って普段か

らおっくうがらずに調べてみる姿勢です。別の言い方をすると「知的好奇心」の強さかと思います。

どう考えても興味が湧かない、関心をもてない場合はどうしたらいいでしょうか。そのときは、

・なぜそれが大事なのか
・なぜ他の人が多く興味を持っているのか
・今一番ホットな議論は何か
・どういうメカニズムで動いているのか

などを考えます。そうすると、その題材そのものには関心が持てなくても、その産業あるいはその分野が注目されている理由を理解するためのエネルギーが湧きやすくなります。

時間を作ってくれた相手に対して強い関心を持つ：またとない機会なのでいろいろ聞きたい、全部聞きたい、この時間を最大限活かしたいという気持ちを持てるかどうかです。

そういう気持ちが持てれば、大事な話を聞き流したりせず、しっかりと食いついて掘り下げていくことができます。

話すほうもある意味こちらを試していて、感度が高く、真剣に話を聞く姿勢があり、理解

してくれそうなら、他の人には話さなかったようなことまで話してくれます。話の中にいくつか餌《えさ》をまいていてくれるというか、深掘りのチャンスを与えてくれるのです。もちろん、それに気づかなかったり、どうせ大したことないだろうと食いつかなかったりしたら、その機会は失われます。

例を考えてみましょう。

電気自動車の開発技術者に会えた際に、どういう深掘りができるかを考えてみます。こちらは、電気自動車という言葉は知っていて関心はあったものの、一般常識以上の特別の知識はないという想定です。

相手：「電気自動車は、ガソリンエンジンの代わりに電池とモーターで走る車です。環境問題の点からも、これからものすごく伸びていくと思います」

一度目の深掘り：「なるほどそうなのですね。電気自動車が普及すると大気汚染が減っていいですね。ただ、電池が長く持たないと遠くに行けないのではないでしょうか」

相手：「そうですね。ただ、ガソリン自動車も同じで、ガソリンスタンドがどこにでもありますよね。ああいう感じになっていきます。実際、都市内外に徐々に充電ステーションが増えています」

二度目の深掘り：「なるほど、ただガソリンはタンク一杯すぐに充填できるのであまり気になりませんが、電池にもすぐ充電して出発できるのですか？」

相手：「いいポイントですね。まさにその通りで、充電スタンドで急速充電するタイプと充電済みの電池に交換するタイプがあります。どちらも長短あり、まだ勝負は決していません。急速充電するタイプは充電器、電池とも負荷が大きいので、価格も耐久性も課題があります。また充電ステーションの数も増やさないといけません。充電済みの電池に交換するタイプはすぐに出発できますが、電池の保管問題や古くなった電池の安全性の問題なども出てきます。どっちもどっちですね」

三度目の深掘り：「そうなのですね。急速充電というのはどのくらいならできそうなのでしょうか」

相手：「今はまだ40分くらいはかかります。その間にコーヒーでも飲んで一休みしていただければいいのですが」

四度目の深掘り：「40分ですか。まあそこまで長くはないですが、ガソリンの場合の5分程度と比べると大きく見劣りしますね。これは短くなりそうなのですか」

相手：「はい、もちろんです。テスラを始めとする多くの会社がしのぎを削っています。電池電極などの材料の進化や新しいタイプの電池の登場で、大幅に短縮される可能性はあります。もちろん同じようなメリットは、電池交換式の場合も起きますが」

五度目の深掘り：「なるほどね。面白いですね。新しいタイプの電池はもうすぐ生まれそうなのでしょうか」

相手：「そうですね。材料の発展次第だと思います。世界中の材料技術者、電池技術者が集中して取り組んでいますので、私自身としては大いに期待しています。ガソリンエンジンも最初は大きく、力が弱く、煙もひどいものでしたが、ご存じのように大発展しました。同じことが電池および電気自動車において起きるのは間違いないですね」

こういう感じになります。私は年がら年中、こういう深掘りをしています。自分より詳しい方にお会いできるたびにわくわくして聞き続けるからです。
私が今お会いしたいのは、進化、創薬、電気自動車、ドローン、AI、太陽光発電、海水淡水化、気候温暖化、宇宙、愛着障害、発達障害、コミュニケーションなどに詳しい方です。

もう一つ、もっと身近な例を考えてみたいと思います。
上司がフィードバックをくれない、ということで悩んでいる方との面談です。

相手：「上司が来週締め切りの書類作成に対してフィードバックをくれないので、本当に困っています。いつもこうなんです」
一度目の深掘り：「なるほどそうなんですね。何ページくらいの書類ですか」
相手：「40ページもあって結構大変なんです。事業提案なので、上司の助言がないとうまく行く気が全くしません」
二度目の深掘り：「それは大変ですね。上司に会う機会はないのですか」
相手：「ありますが、直接話をしたくないのでメールでの返事を待っています」

三度目の深掘り：「なるほど、印刷して上司の机の上に置いておいたらいかがでしょうか」

相手：「メールでファイルを送ったんだからそれを見てくれればいいんですけど。まあ、わかりました。印刷して置いておきます」

四度目の深掘り：「そうですね。全ページの印刷が一部と、大事な4、5ページのみ別に印刷して上に置いておくといいですよ」

相手：「え、そんなことまでするのですか。そんなの上司の仕事じゃないんでしょうか」

五度目の深掘り：「そうですね。それは少し違うと思います。人様に見ていただく資料をあまり手間なく見やすくして渡すのは当然だと思いますし、当然と思わなくても、賢いやり方だと思いませんか」

相手：「なるほど、それは全く思いつきませんでした。上司にメールで送ったら後は上司の責任とばかり思っていました」

イメージが少しつかめましたでしょうか。

聞きながら深掘りしていくためのポイントは、

1．普段から高い問題意識を持って臨む
2．できるだけ広範囲に強い好奇心を持つ
3．好奇心を感じたらすぐに調べる
4．詳しそうな人に会ったら、時間の許す限り話を聞く。躊躇なく質問する
5．関心を持てない分野の場合は、なぜそれが大事なのかを考える
6．時間を作ってくれた相手の関心の理由、価値観などに対して関心を持つ

などになります。

相手の言っていることを時折りまとめてみる

アクティブリスニングをしながら、相手の言っていることを時折りまとめてみると、より

効果的です。

「これはつまり、こういうことですよね？」「なるほど、こういうことだったんですね。びっくりしました」など、相手の話の要点をその場で整理し、確認します。

そのまとめが的確だと、相手はわかってくれたと喜んで話し続けてくれますし、「こいつ話がわかるやつだな」と好感を持ってくれます。

もちろん、ピントをはずしていると「うん？　大丈夫かな？」とみすかされてしまいますので、真剣勝負です。

この準備としては、相手がもし本を書いていれば全部読み、記事、ブログ、メディアに載った記事、関連記事などは可能な限り読み、YouTubeなどの動画もなるべく全部見ておくことです。

その姿勢が相手に響きますし、時折りまとめる際も的確なので好感度が上がります。信頼して普通は話さないことまで話してくれますし、意気投合して長い付き合いになることもよくあります。

一期一会、つまりこの一度をはずしたら二度と機会が訪れないのではないかと考えて大切にする、という気持ちが相手の心に響きます。

相手の言っていることを時折りまとめてみるためのポイントは、

1. 会って話を聞く前に相手の書いた本、記事、動画などはすべて確認しておく
2. 相手の話を真剣に聞き、できるだけノートを取る
3. 時折り、「つまりこういうことですよね?」と確認する
4. 一期一会のつもりで接する

などになります。

できるときは、メモを取る

話を聞くとき、できるだけメモを取ります。オフレコだからと言われたらペンを置きます。人事情報、財務情報など、記録することが明らかに不適切と思われる場合も、もちろんメモは取りません。ただ、普通はできるだけメモを取ったほうがいいです。

私はすべてA4用紙に書きます。A4用紙を横置きにして左右に分け、上から詰めて箇条

書きにし、下まで書いたら右側上から詰めて箇条書きにしていきます。

また、右端を3センチ程度空けておいて、重要なポイントは、そこにキーワードのみ書いて丸で囲っておきます。こうすれば目で見てぱっとわかりますし、後で要点を確認するときも、すぐに見つかります。

ただ、会食の場合、A4用紙を広げる場所がなかったり目立ち過ぎたりすることがほとんどなので、A4用紙を半分に折り、机の上でメモしています。

また、単なる雑談のときは、メモは取りません。相手が構えてしまうからです。メモを取ることで相手の話し方、話す内容に影響を与えそうな場合は、やめておきましょう。

メモを取るときの注意点は、

1．文章をはしょらず、できるだけ聞いたまま書き留める（ですますなどは省略）
意識しているとかなり書けるようになります。「あのう」「え〜と」「〜〜というわけでもなくて、それがそのう〜」などは不要です。それ以外は、基本は書き言葉ではしょらずに書いていきます。

2．最後まで聞いて書くのでは遅い。聞きながら一歩遅れで書く（やってみればできます）

メモを取るとき、話している内容を全部聞いてから要約して書こうとする方が多いように思います。そうではなく、話し始めたら2～3秒遅れでどんどん書いていきます。しゃべりっぱなしの人はそれほど多くないので、これで十分着いていけます。メモを書くスピードが大きく上がります。

3．ひらがなではなく漢字の読める字できちんと書く（十分間に合います）

急ぐからといってひらがなで書いてしまうと後で読み返したときに視認性が悪くなります。頑張って普通に読みやすい「漢字ひらがな混じり文」で書きます。十分間に合います。私は同じ作業をホワイトボードでもよく行いますが、慣れればできます。

4．書き間違えたとき、なるべく修正テープで修正する（十分間に合います）

書き間違えることはもちろんありますが、そのときにぐしゃぐしゃっと線を引いて消すと汚いですし、後で読みづらくなります。私は、基本は修正テープを常に持ち歩いていて、それできれいに消してその上に書き直します。議事録がそのままコピー、スキャンして配布できるレベルになります。

5. 大事な部分は下線を引く、右側にもキーワードを書いて丸で囲う

書いた直後に大事な部分には下線を引きます。1〜2秒でできる上に視認性が上がりますので、お勧めです。頭にも入りやすくなります。さらに重要な言葉、連想される確認の必要な言葉など、A4用紙の右端3センチほどに書いて丸で囲っておきます。何ページになったとしても、机の上に並べて何が重要な点だったか一目瞭然です。

6. 書くスピードを普段から意識して上げる（筆圧を下げると速く書ける）

手書きのスピードを普段から意識して上げておくことが重要です。A4メモにも役立ちますし、ホワイトボードを使うときにも、またミーティング時にももちろん役立ちます。今どきPCのブラインドタッチのほうが速いという意見が常に出てきますが、手書きのほうが簡単な図も数秒で書けますし、ホワイトボードも使えますし、お勧めです。ブラインドタッチが速いことはもちろん立派なので、それと併用すればいいのではないでしょうか。手書きが廃れることはたぶんありません。

手書きする場合の注意事項が2つあります。ある程度は読みやすい字で書くことです。達筆である必要はなく、他の人が読むのにあまり苦労しなければ幼い字でも何でも大丈夫で

す。もう一つは筆圧を下げて書くと数割速く書けるようになります。

7. 筆圧ほぼゼロで書ける水性ボールペン（PILOT VCORNなど）を使う

速くきれいに書くには水性ボールペンがお勧めです。私は『ゼロ秒思考』以来、パイロットVコーンをお勧めしていて、たぶん数万本は販促に貢献したのではないかと思います。シャープペンシルや古いタイプのボールペンだと3～4割遅くなりますし、疲れます。

などです。

理解・実行チェックリスト

- □ アクティブリスニングの基本は、ひたすら聞く。真剣に聞く
- □ 疑問に思うことは、あまり遠慮なく質問する
- □ 質問の答えに対し、丁寧ながら遠慮はせず、さらに深掘りの質問をする
- □ 相手の話を時折りまとめ、内容の理解を確認する
- □ 差し障りがない場合は、メモをできるだけ文字通り取る

お勧めするA4メモ タイトル例

- どうすれば集中して話を聞けるのか。どういう工夫をすればいいか
- 相手に悪い印象を与えず、どうやって質問を続けていくか
- どこを深掘りし、どこはしないかをどう判断するか
- どういうとき、いったん相手の話をまとめるといいのか
- 話を聞きながらできるだけ全部書き留めるにはどういう工夫が必要か

アクティブリスニングを上手に行うには

1. どうすれば100%アクティブリスニングを実施できるか

–
–
–
–
–

2. どうすれば、いつも相手の話に関心を持ち、真剣に聞くことができるようになるか

–
–
–
–
–

3. 適切な質問を次々にすることで問題や解決策の深掘りをするにはどうしたらいいか

–
–
–
–
–

4. 相手が信頼して話してくれるためには、どういう心構え、姿勢を持っている必要があるか

–
–
–
–
–

CHAPTER
7

状況別アクティブリスニング

——一対一ミーティング、チームミーティング、取材、営業

Active Listening

一対一ミーティング

一対一ミーティングにおいては、相手との関係が大きく影響します。

部下に対して▼

相手は萎縮していることが多いので、それ以上威圧しないように、アクティブリスニング、特に「耳を傾け適度に質問して相手の緊張をほぐす」ことが鍵になります。ただ聞くだけだと無言で威圧していることになりかねないので、折りに触れ軽く質問するほうが望ましいです。

また、どれほどアクティブリスニングをしていてもこちらが気分屋だと部下は気をつかうので、気分や感情の上下を出さないのが賢い上司です。もっと言えば、気分や感情の上下があってはいけません。隠しようがなく、相手に無言の圧力をかけてしまうからです。

気分や感情の上下をなくすには、A４メモ書きを20～30ページ、多面的に書いてみたり、深掘りしたりすると効果的です。例えば、「失敗して萎縮している部下」に関しては、

- なぜこの部下は何度言われても失敗するのか
- 自分のチームに配属されて以来、どういう失敗を繰り返してきたか

・彼は人の話を聞いていないのか、聞いても忘れるのか
・彼はどういう家庭環境で育ったのか
・どうすれば、小さな成功体験を積ませてあげることができるか

などですね。

同僚に対して▼

同僚に対してアクティブリスニングを徹底すると、相談をよくされるようになります。また情報が集まりやすくなるので仕事もしやすくなり、成果も出やすくなります。

心の余裕が生まれ好循環も始まるので、自分が何としても話したい、聞いてほしいと思うことがだんだん減り、アクティブリスニングの達人になっていきます。

上司に対して▼

前章で書いたように上司へのアクティブリスニングは注意が必要ですが、上司の知恵を引き出せるという意味ではアクティブリスニングは効果的です。気むずかしく嫌われている上司でも、率直に話をしてくれるようになります。

上司にアクティブリスニングをする場合は媚びを売っていると同僚に思われないように、

同僚、部下にも徹底したアクティブリスニングが必要です。

友人に対して▼

友人に対してアクティブリスニングをすると、仲間の中心になり、相談もよくされるようになります。効果もすぐに現れますので、ぜひやってみてください。

前章でご説明しましたように、アクティブリスニングをすると、愛着障害気味の「こまったちゃん」「かまってちゃん」に取りつかれる場合があります。本当に大切で助けるしかないとき以外は距離を置くほうがいいです。身が持ちません。

相手はこちらのことを大切に思っているわけでは全くありませんので、同情してみせることは決してお勧めできません。友だちであっても断固とした姿勢が必要です。こちらが揺らぐと、そこにつけこまれますので、ご注意ください。

「こまったちゃん」「かまってちゃん」なのか本当に困っているのかの見分け方ですが、前者は、

- 不満ばかり言う、ネガティブな発言以外しない
- 辛そうにしているが、自分のことしか考えていない
- 人のことには無関心

・表情が一変する
・感情の起伏がものすごく激しい

などの特徴があるかと思います。

妻に対して▼

夫からのアクティブリスニングは劇的な効果をもたらします。アクティブリスニング100%がいいですね。自分から何か言いたい、と思う場合も基本は全部相手の話を聞くことだけに徹するのが吉です。

安心してくれますので、アクティブリスニングをしたからと言って過度な要求につながることはまずありません。

彼女に対して▼

ぜひやってあげてください。アクティブリスニング100%です。あれこれ言う必要は全くありません。女性は話したいことが山のようにあり、しっかり聞いてもらっているという安心感が乏しいので効果的です。

彼女に対してアクティブリスニングを徹底していると、聞く姿勢がよくなって仕事への好影響があります。仕事上で内外から相談をよくされ、リーダーシップが発揮できるようになります。

夫・彼氏に対して▼

アクティブリスニングできるならしたほうがいいですが、相手が調子に乗ってしゃべり続けるタイプの場合はほどほどにしましょう。そこまで感謝せずにつけあがる可能性があります。

子どもに対して▼

子どもへのアクティブリスニングも劇的な効果があります。子どもの教育に頭を悩ませている保護者の方が多いと思いますが、話を全部聞いてあげるだけで活き活きとし、やる気を出し、勉強も頑張れるようになり、やりたいことが見つかるようになります。

私は埼玉のサッカークラブの支援をしていますが、小学校1年生の選手と保護者、2年生と保護者、というふうに6年生と保護者まで40～50人ずつ『ゼロ秒思考』A４メモ書きをしたり、お互いに思いをぶつけていただいたりしています。

そこでわかったのは、各学年とも子どもの全員が

「親にもっと話を聞いてほしい」

「上の空で聞くのはやめてほしい」

「最後まで聞いてほしい。いつも途中で遮《さえぎ》られる」

という不満を持っていることです。

子どもは正直なので、子ども相手にアクティブリスニングを徹底しておくと、仕事上も大いに役立ちます。子どもは自信を持って好きなことに取り組めるようになります。

親に対して▼

親に対しても、アクティブリスニングをしてあげると喜ばれます。ただし、毒親で辛い思いがある場合は、無理しないほうがいいです。こちらの精神安定上よくないので、距離を置いたままのほうがよいですね。遠慮なく、akaba@b-t-partners.comまでご相談ください。

お客さまに対して▼

お客さまには当然ながら徹底してアクティブリスニングをして、本当のニーズ、本当の思いを探り出します。

なかなか会えないお客さまであれば十分準備をしてお会いしましょう。こちらのスキル、姿勢次第で結果は何倍も違います。同じ手間暇かけても学ぶ量に大きな差が出てきます。

もっと容易に会えるお客さまの場合、うっかり丁寧さが欠けてくることがあります。お客さまは絶対に見逃しませんので、要注意です。長年の信用が一瞬のうちに崩れることもあります。

目上の方に対して▼

迷わずアクティブリスニングを徹底してください。聞くこと自体はやさしいと思いますが、事前に最大限の情報収集をしておくことと、適切な質問を遠慮なくすることがチャレンジだろうと思います。


以上、アクティブリスニングのアプローチは立場によって若干異なります。一刻も早く慣れた人の勝ちです。相手との関係、相手の気分、こちらのスキル、役割などで大きな違いがありますので、積極的にいろいろなケースを経験するといいです。

一生どこでも（どこの国でも、どんな企業・組織でも）役立つ問題把握・解決力の基であり、人としての姿勢になります。

原則はいつも同じ。どういう状況であろうと、相手に強い関心を持ち、誠心誠意、話を聞かせていただく、ただ丁寧でも決して遠慮せずに次々に質問していく、できれば相手と意気投合して、明るい雰囲気の中、終わらせると後につなげやすいです。

一度で聞ききれないときは、遠慮なく再度のミーティングを依頼してください。よい関係ができている場合は、だいたい喜んで受けてくれるはずです。

一対一ミーティングでアクティブリスニングをうまく実施するポイントは、

1. 部下は、これ以上萎縮させないようにする
2. 同僚には、躊躇なくアクティブリスニングを徹底する
3. 上司には、注意しながらアプローチする
4. 友人には、「こまったちゃん」「かまってちゃん」を避けてアクティブリスニングを実施する
5. 妻、彼女、子どもには劇的な効果があるので、アクティブリスニングをしっかり行う
6. 夫・彼氏にはほどほどに実施する
7. 親には、毒親でなければアクティブリスニングを徹底する
8. お客さまには、アクティブリスニングを徹底して本当の思いを聞かせていただく

9．目上の方には、事前準備を徹底した上でアクティブリスニングし、躊躇なく質問する

などとなります。

チームミーティング

2つの場合を考えます。

リーダーが部下5人とチームミーティングをしている場合▼

リーダーは気にせずアクティブリスニングを実行します。一人ひとり丁寧に聞いていってもいいですし、意見のある人から発言してもらっても構いません。話を聞きながら必要に応じて質問することで、深掘りしていきます。

特に問題なくできますので、堂々と進めればよいと思います。

ただ注意点としては、話をしている部下がプレッシャーを感じないようにすることです。一対一ならそれほど萎縮せずに話したり答えたりできている人も、他の人が聞いている前で

深掘り質問をされると緊張しやすくなります。その点への配慮が必要な場合があります。言い換えると、一対一なら、かなり大胆に質問しながら話を聞くこともできるのですが、一対多数の場合、やや気をつけながら進めます。

同僚5人とのチームミーティングをしている場合▼

気にせずアクティブリスニングを実行します。同僚5人ともアクティブリスニングに慣れている場合は、お互いの発言を質問し合い、どんどん深掘りしながら、また新しいアイデアが湧いてきて、活発に議論できます。

商品開発や業務改善などに関して、「ねえねえ、これどう思う?」で始まり皆が意見を言い合い、それを周りが次々に質問して深掘りしていく、質問に答えながら、発言者は考えがどんどん深まっていく、素晴らしいチームミーティングとなります。生産性が極めて高くなります。

一つ注意すべきは、盛り上がりすぎてある人にだけ質問が集中し、他の人が置いてきぼりになることは当然避けたほうがいいです。

最後に、メンバーの中にアクティブリスニングが身についていない人がいたら、先によく教えてあげてください。自分以外がアクティブリスニングをするので気持ちよく発言できるものの、人の話を聞かずに話し続けたりするので、だんだん爪《つま》はじきにされかねないリスクがあるからです。

チームミーティングでアクティブリスニングをうまく実施するポイントは、

1. 部下5人とのチームミーティングでは、アクティブリスニング時に質問された部下がプレッシャーを感じないように配慮する
2. 部下5人の間のやりとり、発言ができるだけ起きるよう、適切な質問を投げ続ける
3. 新しい質問を出したり、順番に当てたり、特に意見のある部下に発言させたりを工夫する
4. 同僚5人とのチームミーティングでは、気にせずアクティブリスニングを実施する。ダイナミックに意見を言い合い、深掘りしていく
5. ただし、アクティブリスニングに慣れていない同僚には説明し、理解を深めてもらう

などになります。

採用面接

採用する側の場合と、採用される側の場合を分けてお話しします。

採用する側の場合▼

採用面接は、アクティブリスニングが特に活きる分野です。なぜならば、応募者は萎縮気味のことが多いからです。

丁寧かつにこやかにアクティブリスニングします。できるだけ伸び伸びと答えてもらいながら、的確にその人のスキル、経験、適性を判断できるような質問をしていきます。落ち着いた候補者でも、何ができて何はそうでもないのか、しっかり聞き出すための絶好のチャンスです。

具体的には、次のようなものです。

1．今までで一番成功した体験は何でしたか？　そこではどういう貢献をしましたか？

チームの中での役割は何でしたか？　何が一番大変でしたか？　それをどう克服しましたか？　その体験以降、人生や人への見方がどう変わりましたか？

2．今までで一番失敗した体験は何でしたか？　そこではどういう役割を果たしましたか？　失敗の理由は何だったでしょうか？　どういう挽回の努力をしましたか？　それ以降、人生や人への見方がどう変わりましたか？

3．今までで一番コミュニケーションしづらい人は誰でしたか？　その人に対してどういうコミュニケーション上の工夫をしましたか？　なぜコミュニケーションしづらいと思われますか？　向こうはどのように感じていたと思いますか？

4．部下が感情的な場合、どうやって対処しますか？　スキルが低いのにもっと任せてくれと言われたときはどうしますか？　やる気の低い部下をどう元気にさせますか？　部下が自発的に動かないと大変困りますが、何が一番の理由だと思いますか？

5．これまで一番理不尽だったと思われる上司は誰でしたか？　どう対応しましたか？　その後、上司への見方がどう変わりましたか？　ご自身はどういう上司ですか？

6. 人の話を聞くほうですか？　話してしまうほうですか？　この点をご存じの方に聞くと何と言われると思いますか？

7. 成長意欲は強いほうですか？　どのように強いでしょうか？　どういうとき、もっと頑張ろうと思いますか？　あまり頑張れないのは、どういうときですか？

8. 自分の長所を4、5点、成長課題を3、4点あげていただけますか？　成長課題にはどう取り組んでいますか？

これらをどんどん質問していきながら、アクティブリスニングによってさらに深掘りしていきます。

採用面接は、決して「脅すための場ではない」ので、細心の注意を払って丁寧に進めますが、あまりものを考えていない人にとっては、ごまかしようのない場になってしまいます。簡単ではない質問がどうしても続いてしまいますので、「圧迫面接された」と言われないように、できるだけにこにこしながら、候補者に強い関心を持って質問していってください。

採用面接される側の場合▼

面接される側のプレッシャーは高いので、質問に対して的確に答えようと集中する必要があります。面接官の質問を真剣に聞いてもし疑問があれば、「今のご質問について、一点確認させていただきたいのですが、～～といったことでよろしいでしょうか」と確認します。

わからないときにそのままにして適当に答えると、答えがずれてしまうだけではなく、軽率な人と評価されてしまいますので、遠慮しないほうがいいです。

質問の意味がしっかりわかったら、ずばっと答えます。前置きはあまりいりません。もし複数のことを言いたければ、「はい、3点ありますので、順番にお答えします」と言ってから順次説明しましょう。

面接の終わり頃、「何か質問はありませんか」と聞かれた場合は、仕事の内容、職場の雰囲気、会社の文化などについて質問をし、アクティブリスニングで深掘りします。話をよく聞く人は、よい印象を与えます。

採用面接でのアクティブリスニングをうまく進めるポイントは、

【採用側の場合】
1. 候補者は萎縮しているので、丁寧かつにこやかに面接する
2. 押さえるべき質問リストを用意し、それにしたがって確認しながらアクティブリスニングで深掘りしていく
3. できるだけ伸び伸びと答えてもらえるように、配慮する

【採用される側の場合】
1. 質問の内容がよくわからなければ、すぐに確認する
2. 職場の雰囲気、会社の文化などについては、遠慮なくアクティブリスニングで深掘りしていく

などがあります。

インタビュー、取材

インタビュー、取材こそアクティブリスニングのためにあるとも言えます。

インタビュー、取材のアポイントが取れたら、あらゆる準備をします。著書、ブログ記事、Facebook・LINE・Twitter・インスタなどの投稿、ネット上の記事、動画などを全部読み、視聴して把握します。

その方の価値観、人生観、今何に取り組んでいるか、何を話してくれそうかを手に入る限りの情報から整理します。

そういう準備をした上で、こちらの聞く姿勢が大事です。雰囲気、自然な明るさ、元気さ、清潔さで好印象を与えます。営業の方にありがちですが、過度に元気で明るいのは浮わついた印象を与えかねないので、あまりお勧めしません。

質問のタイミングも重要です。話の腰を決して折らないようにしつつも、適度に質問をはさんでいきます。

このとき気をつけなければならないのは、こちらが聞きたいことと相手が話したいこととの間にギャップがあるときです。

聞くべきことが事前に決まっている場合、順番に質問していきます。その通りに話をしてくればいいのですが、話す側は好き勝手に脱線しがちです。この場合、もとの質問に戻ってまた聞くか、話の流れに任せるかを迷いますが、だいたいはそのまま聞き続けたほうがよいと思います。相手は興に乗ってどんどん話し続けてくれるからです。

適切な質問をはさんでいくと、他では聞けない、他では話したことのないような大切な話までしてくれる場合もよくあります。タイミングよくうなずき、相づちをうち、深掘りの質問をしていきます。

相手の体調や機嫌が悪くてインタビュー、取材がうまく進まない場合は、失うものはないので、ぜひアクティブリスニングに徹してみてください。ひたすら耳を傾け、相づちを打ちながら、ちょっとした質問をはさんでいきます。

こちらの決まり切った質問に答えていただくのではなく、本人が話したいまま流れに身を任せていただくのです。そうすれば、気分がよくなって再度の約束をしていただけるかも知れません。

インタビュー、取材でうまくアクティブリスニングするためのポイントは、

1．相手の著書、ブログ記事、Twitterの他、手に入る情報はすべて目を通す

2. その方の価値観、人生観などもできるかぎり把握しておく
3. 雰囲気、自然な明るさ、元気さ、清潔さなどで好印象を与える
4. 話の腰を折らないようにしながら、適度に質問をはさんでいく
5. 話が脱線してもあまり気にせず聞き続ける
6. うまく進まない場合は、徹底的に聞くことに集中し、次をねらう

などがあります。

お客さま、お客さま候補との面談

お客さまとの面談では、サービス・製品に本当に満足していただいているのか、きちんと理解する必要があります。不満があっても、文句を言わず、黙って立ち去ってしまうお客さまも多いからです。もちろん、二度と戻ってきてはくれません。

文句を言う気にもならない、というのが一般的なお客さまでしょう。だからこそ、お話をお伺いする機会があれば、丁寧な姿勢でお話を聞かせていただき、サービス・商品開発への

ヒントをお伺いします。真剣に耳を傾けながら、大事な点は丁寧に質問をして、掘り下げていきます。

その姿勢が素晴らしければ、お客さまはたぶん最初は不満を強く訴えられるでしょうが、最終的には満足してお帰りいただけます。きっとファンとしてこちらの応対がいかに素晴らしかったか、何人もの方に話していただけるでしょう。

それがアクティブリスニングによってもたらされます。

一方、購入を検討していただいているお客さま候補の方との面談は、お客さまになっていただけるかどうかの瀬戸際です。

商品・サービスに自信を持ってアピールするとしても、それだけでは売れません。何を求めておられるのかを真剣に聞き、確認していく中で本当のニーズをとらえることが成約につながります。

お客さま、お客さま候補との面談でアクティブリスニングをうまくやるポイントは、

1．お客さま、お客さま候補の方から信頼される。それがすべての出発点
2．信頼された後はできるだけ本音を引き出し、深掘りしていく

3．真摯な対応で、一人でも多くファンを増やす
4．インプットを社内の開発、設計、生産、営業、メンテナンス部門に共有し、役立てる

だと思います。

理解・実行チェックリスト

□ 1対1ミーティングでは、相手に深い関心を持つ。持てるように準備する

□ チームミーティングでは、メンバー全員の理解を考慮しながら進める

□ 採用面接では、アクティブリスニングで候補者を元気づける

□ インタビュー、取材では、相手を乗せてどんどん話していただく

□ お客さまとの面談では、丁寧な姿勢で本音を引き出す

お勧めするＡ４メモ タイトル例

- どうすれば相手に深い関心を持てるのか、どういう場合に持てるのか
- チームミーティングで落ちこぼれがないようにどうすればいいか
- 採用面接で候補者を一番元気づける方法は
- インタビュー、取材でこちらが聞きたいことをどう引き出すか
- お客さまの本音を引き出すにはどうすべきか

どういう場合でもアクティブリスニングをするには

1. どういうときアクティブリスニングしやすいか

－
－
－
－
－

2. どういうときアクティブリスニングしづらいか

－
－
－
－
－

3. アクティブリスニングのしやすさ、しづらさは何によるか

－
－
－
－
－

4. どうやったら、やりづらいときでもアクティブリスニングできるようになるか

－
－
－
－
－

CHAPTER
8

アクティブリスニングをマスターするには？

Active Listening

慣れるまで意識して続ける

アクティブリスニングは、本来そこまでむずかしいことではなく、やりさえすれば誰でもある程度できることです。肩の力を抜いて相手の話を聞き、どんどん質問をして理解を深めるだけのことだからです。ほぼ話を聞くだけなので、エネルギーもあまりいりません。

ただ、そこからの奥が深いので、慣れるまでは意識して続ける必要があります。

相手の気分、相手との関係、こちらの立場、会っている目的などによって、話の聞き方、前のめり方、質問のタイミング・頻度・内容・トーンなどがすべて変わってくるからです。

こういう場合はこう、といちがいには言えませんが、お勧めできることは、

1. 相手に本気で関心を持つ。この一度の出会いを大切にする
2. アクティブリスニング100%、まずは集中して相手の話を聞く
3. あれ、どうなんだろうと思ったら、あまり躊躇せずに質問する
4. 質問をするたび、相手のエネルギーレベルが上がっているかどうかを見る。上がっていれば適切な質問、上がっていなければやや適切ではなかった質問（もう少し待ったほうがよかった。もう少し違う角度からのほうがよかった）

といったことになります。ここまで配慮すれば十中八九うまくいきますので、安心して続けてください。

慣れると呼吸をするように自然体で実行できますが、それまでは意識して続けていく必要があります。

慣れるまで意識して続けるためのポイントは、

1. 相手に本気で関心を持ち、アクティブリスニングすることを繰り返す
2. 興味を感じたことはすぐに調べることを習慣にする
3. 何が的確な質問か、繰り返しＡ４メモなどで考える
4. 相手に好印象を与える清潔感は普段からの心がけで体現する
5. 肩の力を抜き、自然体で取り組む

などになります。

何か言わないといけない、とは考えない

何か言わないと場がもたないと考えて、ようやく相手が話そうとしているのに先に話し出してしまう人がかなり多いと思います。部下に対して、そして悩んでいる方に対しての場合が多いかと思います。

部下の場合：萎縮していたり考えすぎたりしているのが普通で、上司・部下の関係上避けられないと思います。どれほど平気そうな顔をした部下であっても、

- 上司に何を言うべきか
- 上司に何を言うべきでないか
- 上司にどこまでオープンに接していいのか

迷います。生かすも殺すも上司次第だからです。

不思議なのは、ごく最近上司になった方でも、部下のときのこのような思いや悩みを忘れがちで、すぐに上司然とした行動を取ってしまうことです。部下のときの気持ちがすぐにわからなくなるようです。

悩んでいる方の場合:悩んでいる方は、
・そもそも相談していいのだろうか
・どこから話せばいいのだろうか
・わかってもらえるのだろうか
・変な人だと思われないだろうか
・嫌われないだろうか
・誰かに話されて恥をかいたりしないだろうか
など、それこそ頭がぐるぐるするほど考えますので、そう簡単に口を開けません。説明し始めたとしてもすぐ後悔の念がよぎり、次の言葉が浮かばず、おろおろします。
ですので、すぐに発言できないのが普通なのです。

こちらの誤解:何か言わないといけない、間がもたないと感じるのはこちらの誤解であり、思いすごしです。決してそういうことではありません。
10秒でも20秒でも、黙って待っていればいいのです。そうすれば、相当に話すのが苦手な人でも何とか話し始めます。ぽつりぽつりと何か言ってくれますので、耳を傾ければいいだけです。ただ待てばいいのです。

相手が話し始めるまで、自然体でゆったりと待ちます。性急な態度だと相手を緊張させます。

だめな態度：ところが、多くの人は3秒も待たずに話し始めてしまうようです。5秒待つ人はいいほうでしょう（一度測ってみてください。同僚、友人に頼んで測ってもらうといいです）。

質問しておきながら、

・「あ、それでね、これはね」

・「まあ、むずかしいかも知れないけれど僕はね」

・「私ってさあ」

とか間髪いれずに話し続けるので、相手には話し出すきっかけがなくなります。

そうなると、相手に話す気持ちがあっても、言い出せないと思います。部下や悩みのある方だけではなく、あまりおしゃべりでない方にとっても話し始めることにはハードルがあるからです。

質問されて何とか考えをまとめて話そうとしていたのに、全然待ってくれない、すぐにまた話し始めた、とすると「別に聞きたいわけではないんだな」と感じてしまいます。そうなると、話す気がなくなりますよね。本音を話すはるか以前の問題です。

確かに、10秒以上待つのは落ち着かないと思いますが、少し頭を切り替えてのんびり待ってみてはいかがでしょうか。1分でも3分でもなく、ただの10秒です。ミーティングの時間が延びるわけでは全くありません。

ゆっくり待てない理由：ゆっくり待てないのには、いくつかの理由が考えられます。

そもそも意見を聞く気がない、質問は形式的にしただけ、というのがまず一つ。上司にありがちですが、それ以外でもありそうです。一方的に話したいだけの人はだいたいこれです。

あるいは、意見があるなら聞きたいが、実はそこまで求めていないことも多いでしょう。多くの上司にありがちです。

あるいは、意見を聞きたいがすぐ言ってくれないならしかたない、と思っている人もいるでしょう。スピード重視で気の短い人にありそうです。

さらには、悪意は全くないものの、単にせっかちですぐまた話し始めてしまう方も多いかも知れません。

どれも残念なことですが、悪意がないというのであればぜひ待ってみてください。「何か言わないといけない」と思うのは、特に意味のない習慣なのかも知れません。

大切なこと：このとき、大切なことが一つだけあります。「早く言えよ」と思わないこと、心の中で我慢しないことです。そういう気持ちは必ず顔やしぐさに出て、相手をあせらすことになりますので、のんびり待ちましょう。たかだか20、30秒のことです。

しかも、話すのが苦手な人でも最初だけです。いったん話し始めれば、こちらが適切なアクティブリスニングをしている限り、どんどん話をしてくれます。

最後に、もし数十秒を超えて黙ってしまう方がおられたとしたら、アクティブリスニングで対応できない可能性があります。『ゼロ秒思考』のＡ４メモ書きを４～５ページ書いていただいて、

- 頭の中では考えているが口では話せないのか
- 頭の中でも考えが完全にストップしているのか
- あれこれ考え過ぎていてパンク状態になっているのか
- これを言うとあれを言われる、あれを言うとこれを言われるという「ダブルバインド」状態になっているのか

などを確認する必要があるかも知れません。

何か言わないといけない、と考えないためのポイントは、

1. すぐ話せない人のほうが普通だと考え、リラックスして待つ
2. 肩の力を抜いて10～20秒待つ
3. 部下のときの気持ちをＡ４メモに書いておく
4. 部下のときの気持ちを思い出す
5. 話せないのが普通だと考える
6. 「早く言えよ」と思わない。我慢せず、のんびり待つ

といったところだろうと思います。

構えすぎなければ、割とできる

アクティブリスニングは、何か特別なことではありません。実はごく自然に、人の話に興味があればどんどん聞いてしまう、それだけです。自然体でいれば、リラックスしていれば割とできるものです。温泉にはいったら大きな浴槽で体を伸ばしてリラックスする、ああいう感じです。

ただ、普段、人の話を聞かず自分の言いたいことしか言わない人が多いようです。なぜそうなってしまうのでしょうか。

それは、威張りたいとか、自分が上だと見せたいとか、いい機会なので相手をとっちめてやりたいとか、あるいは相手に無関心とかのために、不自然な行動になってしまっているからだと思います。

・威張りたい？　自分が上だと見せたい？

➡よほど自分に自信がなく、虚勢を張りたいのでしょう。

・いい機会なので相手をとっちめてやりたい？

➡いったい何のために？　何が嬉しくてそんなことをしたいのでしょう。

・相手に無関心？

⬇目の前にいる、話をしようとしている人に対して関心を持てない、というのはいったいどういうことでしょうか。相手を人だと思っていないとか、相手の存在を認めたくないとか、そういうことなのでしょうか。そういう人が普通の顔をして社会生活を送っているのは、かなりこわいことだと思います。

もしこういうことでなければ、ぜひ自然体で接してください。

会話は戦いではありません。

構えすぎないポイントは、

1. 自然体で相手に接する
2. 威張りたいとか、自分が上だと見せたいとか、そういう雑念を捨てる
3. 相手の話を聞いたから損をするわけではない、と考える
4. 会話は戦いではないと考える

などになります。

仲間を作って注意し合う

そうは言っても、現実を見ると、アクティブリスニングできる人は5人に1人もいないかと思います。聞いたふりをする人はいます。揚げ足とりの質問をする人はいます。ただアクティブリスニングとなると本当に少ないです。

特に上司はあまり部下の話を聞きません。聞いたとしても、うまくいかない理由を問いただしたり、叱責しながら「君の意見も聞こうじゃないか」的に聞いてしまったりするので、部下は話しようがありません。

もう少しましな状況でも、多かれ少なかれ威圧感を与えてしまうので、部下は上司の気持ちを忖度《そんたく》しながら気をつかって話します。上司には悪気がなく、むしろすごく気をつかっているつもりなのに、うまくいきません。

これに対しては、たぶん、仲間を作って注意し合うことが一番かも知れません。

例えば、職場の場合は、近くの課長数人でアクティブリスニングの実施を合意し、お互いに注意し合うと効果的です。近くの島で上司が部下に過剰に注意しているとか、アクティブリスニングをやっているつもりで全く間を空けていないとか、よく見えるので、フィードバックに事欠きません。

そういう同列の仲間がいない場合も、アクティブリスニングをぜひとも実行したいと思えば、親しい同僚、あるいは友人、家族などに頼んで

・相手の話を100%聞いているか
・相手が話し始めるまで20～30秒でも待っているか
・その間にプレッシャーをかけていないか

のフィードバックをしてもらえばいいです。

多くの会社の意識・行動改革を支援してきた中で、常にアクティブリスニングが重要なテーマでした。アクティブリスニングの実践にはかなり関わりました。

興味深いのは、アクティブリスニングは自分一人で努力してもほとんどうまくいかず、誰かにフィードバックしてもらうようにすると、割とすぐできる、という点です。仲間が効果的です。

仲間を作って注意し合うためのポイントは、

1. 職場の同列の仲間で示し合わせ、自身のアクティブリスニングの状況をフィードバックしてもらう
2. 親しい同僚、友人、家族などに頼み、実施状況をフィードバックしてもらう
3. やるかやらないか、という比較的簡単なものだと認識する
4. アクティブリスニングの結果を周囲に話すことで輪を広げていく

などになります。

成功体験が楽しくて、続く

アクティブリスニングがきちんとできるようになると、相手の態度、表情、こちらへの姿勢が大きく変わります。しかも、あっという間に変わります。

部下も打って変わって萎縮しなくなり、明るくなり、おしゃべりになります。無口だと思っていた人、話しづらいなと思っていた人、きっと信頼もされていないんだろうなと思っ

ていた人がどんどん話してくれるようになります。
「え、そんなに？」と驚きつつも、この成功体験はとても楽しいものです。
楽しいにもいろいろあって、娯楽番組を見て楽しい、好きなことをしていて楽しい、などいろいろありますが、やはり、人とよい関係になり、明るい顔を見るのは最高に楽しいことの一つだろうと思います。

幸せホルモン、オキシトシンも出ていることでしょう。なので、最初はとまどいますが、一度この気持ちを味わうと、たぶん、あまり苦労せずにアクティブリスニングを続けられるようになります。

言い換えれば、靴を脱いで川幅数メートルの小川を歩いて渡る程度です。勇気がいるというほどのものではありません。今までの自分の話し方のスタイルを少し変えて、一方的に話すのをやめ、相手の話を真剣に聞く、わからなければ質問する、というだけです。自然なことです。質問をいっさいせず黙ったまま最後まで聞くのはものすごい威圧感を与えますので、必ずにこやかに質問をはさみながら聞きましょう。

これにより、上司は部下マネジメントに悩まなくなり、確実に仕事ができるようになります。リーダーシップがあって素晴らしいね、と言われるようになります。

インタビューや取材がうまくできるようになります。

誰でも、人間関係の悩みが減っていきます。人に好かれること、信頼されることが増えていきます。仲間外れにされているという不快さが減っていきます。

自信のなさもあまり気にならなくなります。いつの間にかうきうきしてきます。

人の話が聞けるって楽しいことだなあ、いいことだなあ、なんでもっとやってなかったんだろうなあ、と心から思うようになると思います。


成功体験が楽しくて、続くためのポイントは、

1. 人の話を聞く喜びを感じる
2. 成功体験をどんどん人に話す
3. 輪を広げていく
4. アクティブリスニングをさらに工夫して、相手のポジティブな変化をさらに楽しむ

などになります。

理解・実行チェックリスト

- □ アクティブリスニングは、慣れるまで意識して続ける。迷わず続ける
- □ 相手が黙ったら、気にせず何十秒でも待つ
- □ 肩の力を抜いて、リラックスして質問する
- □ アクティブリスニングができているか、仲間を作って注意してもらう
- □ 成功体験を意識して早めに作り、習慣化に役立たせる

お勧めするＡ４メモ タイトル例

- どうすれば、慣れるまでアクティブリスニングを続けられるか
- 相手が30秒話さなくてものんびり待つにはどうしたらいいか
- 肩の力を抜いて、アクティブリスニングに習熟するには
- アクティブリスニングできない同僚にどう注意するか
- アクティブリスニングでどんな成功体験があるか

どうやったら自然体で アクティブリスニングできるようになるか

1. どうういうとき、ごく自然にアクティブリスニングできるか

-
-
-
-
-

2. それは他のときと何が違うのか

-
-
-
-
-

3. 自然体とは、自分にとってどういうものか

-
-
-
-
-

4. どんなときも自然体でいるには？

-
-
-
-
-

CHAPTER

9

ロールプレイングで、相手の立場が見えるようになる

Active Listening

立場を変えると多くのことが見える

私たちは、上司、部下、同僚、夫、妻、彼氏、彼女、先輩、後輩、年上の友人、年下の友人などいろいろな立場を持っています。

上司の場合：もし上司だとすると、部下の気持ちがわからなくなりがちです。数ヶ月前まで部下の立場でいた人でも、課長になるとすぐに部下だったときの気持ちを忘れてしまう。自分はまだ部長の部下であるにもかかわらず、偉くなった気持ちなのか、すぐに忘れます。

立場が考え方や行動を規定するようで、上司に対してはへりくだる人が、部下に対しては傲慢になるという例がよくあります。恥ずかしいことですが、多くの方が大なり小なりこうなります。

「傲慢」という言葉に抵抗があるとすると「態度がでかい」「態度が少し大きい」「上から目線が増えてきた」「部下の話を聞かない」という表現なら、「まあそういうこともたまにはあるかも」と思われるでしょうか。自分は「傲慢」だと思っていなくても実際は傲慢なことが多く、「たまに」でもなく、それほど微妙でもないのが普通です。

顧客開拓の場合：顧客開拓で、相手先の社長にお会いできることになったとします。こちらはあくまで買っていただきたいわけですが、相手の社長が何を考えてどう判断するか、決めていただけるか、よくわかりません。想像はしようとしますが、決定的なイメージが湧きません。その会社の社長になったことはないわけですから。

夫と妻、彼氏と彼女：夫は妻の気持ちがわかりません。妻も夫の気持ちがわかりません。それぞれ想像はしますし、相手の気持ちを聞いてみることもなくはないでしょうが、どこまで本音を話してくれるかもわかりません。本音を聞いても、理解できるかどうかは別問題です。彼氏と彼女の場合も同じです。

このように、人は誰でも自分の立場、役割から物を見て判断し、行動しています。相手の立場でものを考える努力をする人もいますが、限界があります。それにだいたいはこじれて、感情的になり、そういう努力をしなくなる人のほうが多いです。

ですので、もし立場を変えることができたら、多くの発見があります。視野は一気に広がります。感じ方も行動も全部かなり変わります。

それが、立場・役割を変えて数分間やり取りをする「ロールプレイング」です。

ロールプレイングでは、違う立場の人がどう感じるのか、瞬時に確認することができます。
これをやってみない手はありません。

立場を変えて多くのことが見えるようになるポイントは、

1. 相手の立場でものを考えることを習慣にする
2. 相手が感情的になっているときは、相手の気持ちになりきってみる
3. 相手と同じ言葉、同じトーンで声を出してみる（一人きりで）
4. 頭で考えても、もやもやしたり堂々巡りになったりするので、Ａ４メモに書く
5. 同僚、友人に依頼してロールプレイングを実施する

などとなります。

頑固な人でも瞬時に気がつく

ロールプレイングのいいところは、どんなに頑固な人でもロールプレイングを実施した瞬間、瞬時に発見があることです。人に説得されるのではなく、自分で気づきます。

私自身の経験でいうと、60代のかなり自信があり頑固そうでもある小売業の経営者が、部下である20代の地域営業責任者の立場をロールプレイングで演じた直後に、「なぜ彼がやる気がなく萎縮しているのか、今やっとわかった」と言い出されたことがありました。

彼の態度を見ると、これまで部下の話などきっと聞いていなかったでしょうし、言い出したら意見を曲げなかったでしょう。また、部下にあれこれ指示ばかりしていた可能性もあります。業績が上がらない理由を現場に詳しい部下に聞くことなどなく、また現場に足繁く通うわけでもなく、叱責罵倒しかしていなかったと思われます。

その部下が萎縮しないわけがありませんが、経営者にはその理由がどうしてもわからず苦慮しておられたようです。驚くべきことですが、決して珍しくはありません。

ロールプレイングはそういう人にでもすぐに目を覚ましていただけます。

自分の意見を信じ、他人の意見を聞かない、てこでも動かないことを信条にしている方でも、ロールプレイングだと言葉で説得するわけではないので、効果的に気づいてもらえます。

これはやらない手はありません。

頑固な人にも瞬時に気づいてもらうためのポイントは、

1. 言葉で説明しようとすると意固地になるので、他の方法を考える
2. 社員教育などの位置づけでロールプレイングを実施し、経営者に気づいてもらう
3. 気づきがあったときは、嫌みを言わず素直に喜んであげる
4. ロールプレイングで気づき始めた経営者には、アクティブリスニングのコツをさらに伝えてあげる

などです。

自分、相手、オブザーバーの3人ですぐできる

企業の経営支援をする中で、ロールプレイングは実施しやすく効果も大きいことに気づき、工夫を重ねてきました。最初は15分ほどかけていましたが、どんどん短くし、現在ではロールプレイングが3分、フィードバック2分で効果的にできています。

たぶん、ロールプレイングの中では世界最短クラスかと思います（テーマによってはロールプレイングを2分でも実施しています）。

ロールプレイングのやり方▼

自分、相手、オブザーバーという3つの役割の3人が近くに丸くなって着席します。

ロールプレイングの目的を決め（「上司が部下に対してアクティブリスニングをする」「ターゲット企業の経営者に初めて売り込む」「自信のない部下を元気づける」など）、それにそって2人の役割を決めます（例えば、上司と部下。3人目はオブザーバーとしてロールプレイングを横で見て3分終了後にフィードバックする役割です）。

目的に沿って、よくあるケースを3つ設定します（上司が部下へのアクティブリスニングをするときなら、「ケース1　部下が萎縮している」「ケース2　部下が自信過剰」「ケース3　部下が上司を苦手としている」など）。

初回は、

- 自分が上司役
- 相手が部下役
- 3人目はオブザーバー

で始めます。まずケースを指定します。ここではケース2を選んだとします。部下役の相手には自信過剰に振る舞ってもらい、その相手に対してのアクティブリスニングを3分します。3分経ったら、2分間のフィードバックタイムです。

フィードバックでは、まずはオブザーバーから、次に部下役の人から、最後に上司役の自分から合計2分間で感想、発見を共有します。オブザーバーは3分間観察しますので、その間気づいたことを必ずメモしておきます。メモしないと驚くほど忘れます。

1ラウンド終わったら、上から見て時計回り（右回り）で1つずれ、次の人が上司役、部下役、オブザーバーになります。第2ラウンドも終わったら、さらに時計回りで1つずれます。1ラウンドは3分＋2分＝5分なので、15分で3ラウンドが終わり、3人とも3つの役割を経験することになります。

上司のアクティブリスニングに関して次のような3つのケースでロールプレイをすると、また新たな発見があります。

「ケース1 上司は部下の話を聞かず、一方的に話し続ける」

「ケース2 上司は好き嫌いが激しく気にいった部下の話だけ聞く」

上司が部下にアクティブリスニングする場合

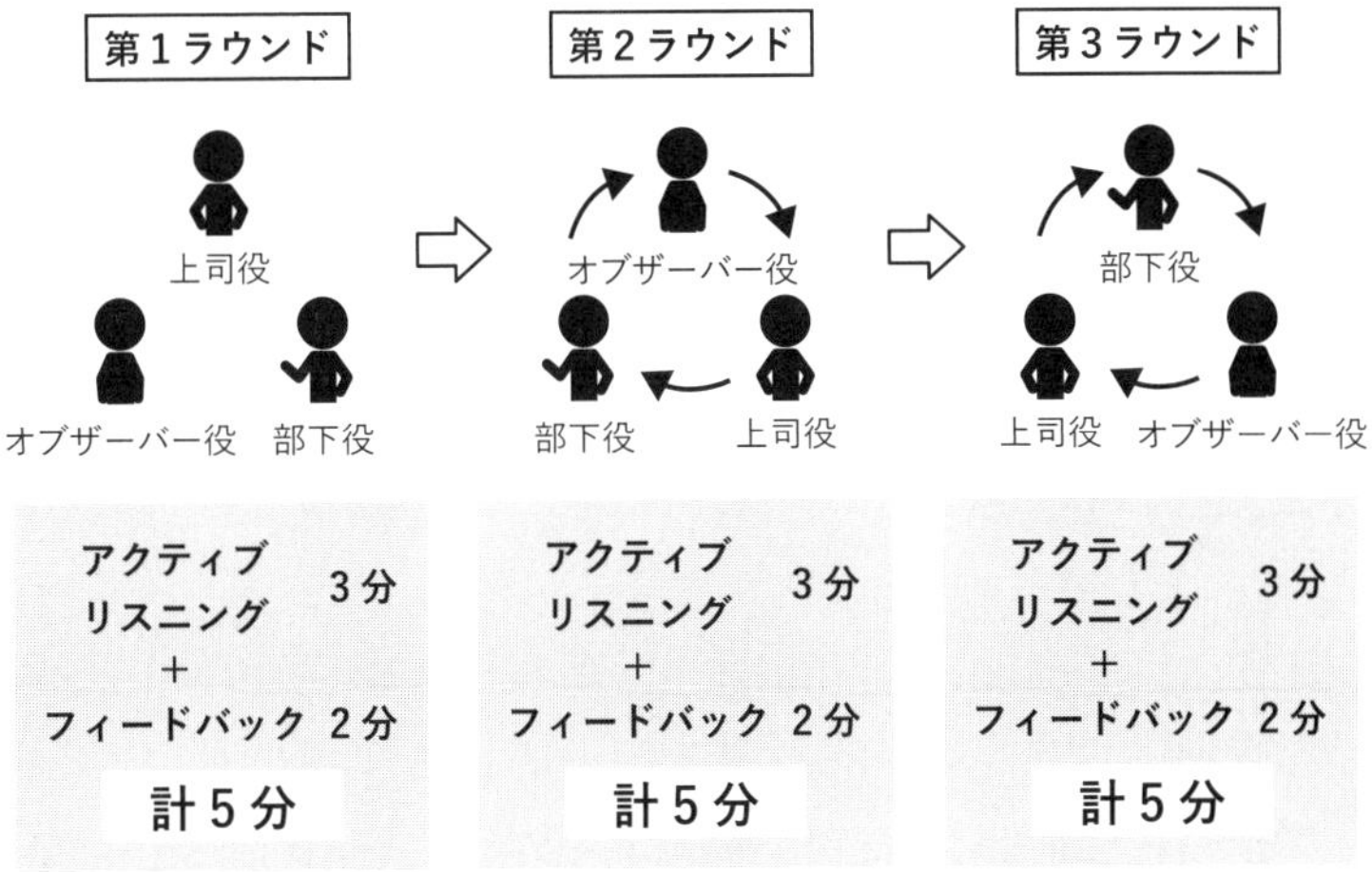

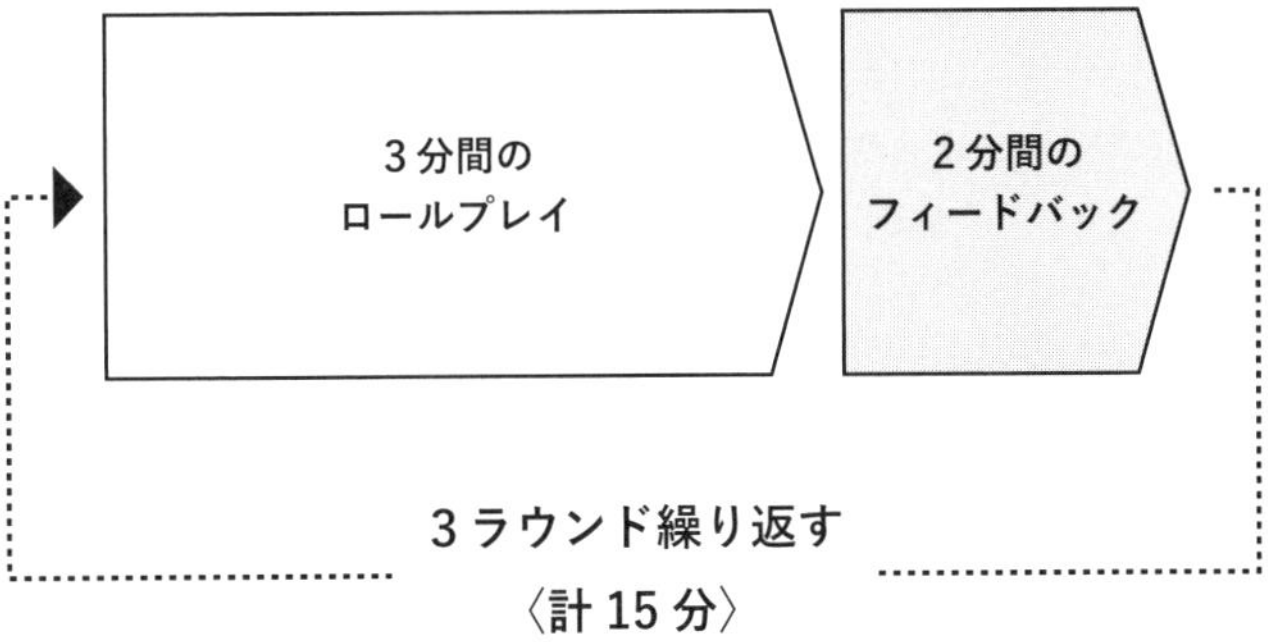

「ケース3　上司はアクティブリスニングが非常にうまく、部下の話をよく聞く」

違う立場で多くの発見がある▼

こういうロールプレイングをすると、多くの発見があります。普通の上司は部下の話を少しは聞くと思いますが、

◆そういう人が上司役になって

・「ケース1」を選んだ場合、「部下の話を聞かない上司というのはこういう気持ちがするんだ。同僚にそういう上司がいて自分には理解できないと思っていたが、彼も苦労してるんだな」と感じます。

・「ケース2」を選んだ場合、「好き嫌いが激しく気にいった部下の話だけ聞くなんてあり得ないと思っていたけれど、そうか、こういう気持ちなんだ。なるほど、こういうさみしい気持ちからそういう行動に出ていたんだ」とも思います。

・「ケース3」を選んだ場合、「自分は部下の話を聞くほうだと思っていたが、そうか本当にアクティブリスニングを徹底すると部下の態度が全然違うんだ。こちらのほうがはるかに効果的だな」という発見をするでしょう。

◆部下役になったときは、「上司に一方的に話し続けられたらこんな気持ちがするんだ」「こんな上司に嫌われたらどうしようもないな。転職しかないな。でも、気にいられたら気にいられたで、きっとがんじがらめにされるんだろうな。息苦しいだろうな」「こんなふうに聞いてもらえたら気持ちいいなあ」などと感じるでしょう。

◆オブザーバー役になったときは、「一方的に話し続ける上司というのは、実は結構苦しそうなんだな。聞く自信がないから、あるいは何かを言い続けないと自分を保てないのかな」「好き嫌いが激しい上司って、きっと学校時代に仲間外れにされたり嫌われ者だったりしたのかなあ。何で部下をあそこまで嫌わないといけないんだろう。別に脅威でもないのにああいう反応をするのは、心のバランスがおかしいなあ」「アクティブリスニングが本当にできると部下の表情が一気に変わるのが不思議なくらいだ。ロールプレイングにもかかわらず一瞬で明るくなったのには驚いた」というような発見があると思います。

オブザーバー役について▼

オブザーバー役は普通にありそうですが、実はそうではありません。現実社会ではほぼ皆無です。なぜかと言えば、上司と部下のやり取りを横で観察し、終わってからフィードバックするなどという立場は存在しないからです。

もし部下だとしたら、いつ自分に火の粉が降ってくるかわからない状況で客観的に観察できないですよね。また上司・部下のやり取りが終わった後、上司・部下にフィードバックをするなど考えられません。

もし上司の同列だとしても、他の部署の上司と部下のやり取りを横で観察して、終わってからその上司・部下にフィードバックすることはありません。上司には「お前、何様だよ。自分の部署だけ見てろよ」と言われるのがおちです。もちろん、上司に依頼されていれば別です。ただ自分もうまくできている自信はないので、それを棚に上げてフィードバックするのは、普通の神経ではなかなかむずかしいと思います。

なぜ3分でいいのか▼

最後に、わずか3分でなぜいいのか、多くの発見があるのかについてご説明したいと思います。ロールプレイングでは、その立場を演じた瞬間に「あ、そうか。そうだよな」「そういうふうに感じるのか、見えてしまうのか」と感じることが多いと思います。

「一方的で頭ごなしな上司」「萎縮した部下」「話を聞こうとしない夫」など、自分とは違っていても、その立場を演じた瞬間に不思議なほど体で感じます。

面白いことに、実際、一方的で頭ごなしな傾向の強い上司の方に「一方的で頭ごなしな上司」役をやってもらっても大きな発見があります。「他人の振り見て我が振り直せ」に近い現象かも知れません。自分では意識していなかった言動が、実は頭ではよくないと思い、やらないようにしていたつもりの言動だったことに気づくのだろうと思います。「あれ？ちょっとだめだったかな、俺は」という感じでしょう。

自分、相手、オブザーバーの3人でうまくロールプレイングを実施するポイントは、

1. 瞬間的にその役になりきる
2. わざとらしいほどの表情、言葉づかい、態度でやってみる
3. 自然に湧き起こる感情に体をゆだねる
4. 理性より感情のままやり取りを続ける
5. フィードバックタイムでは思ったことをそのまま伝える

などです。

ロールプレイングの効果

ロールプレイングにおいては、15分で全員が3つの役を経験するので、視野が広がります。

アクティブリスニングとはどういうことなのか、アクティブリスニングができるとどういういいことが起こるのか、アクティブリスニングをするのと、しないのとでどういう気分になるのか、一方的に話されるとどういう気持ちになるのか、がわかります。

元々頭が固く、躊躇していたような人も、ケースを選ぶ中で自分とは違う立場を演じることで、自分には無理だと思っていたのに躊躇する理由がそこまであったのかを感じたり、アクティブリスニングしてみることで自分のこれまでの態度が相手にどういう影響を与えていたのかを改めて感じたり、オブザーバー役になったとき自分のこれまでの姿勢が第三者的に見てどう見えるのかという発見があったり、多くの気づきを得られます。

自分は比較的アクティブリスニングができていると思っていた人も、意外にうまくできていないところがあったかも知れないと気づいたり、こうすればもっと効果的なのかなという発見があったり、オブザーバー役になったとき人の気持ちやコミュニケーションのあり方について新たなひらめきがあったり、多くの気づきを得られます。

わずか15分でできるロールプレイングの効果は絶大です。説得ではなく体感と会得なので行動を変える必要がある場合には欠かせません。

しかも3人集まればすぐにできますし、何人いても大丈夫です。

インドと日本では、それぞれ300人が集まって3人ずつ100チームを作り、同時並行でロールプレイングを実施していました。

ロールプレイングの効果をより大きくするポイントは、

1. 15分で3セット実施した後、別のケースを選んで実施するとさらに発見がある
2. 頭が固くて浮き気味の人をうまく巻き込み、ロールプレイングを実施する
3. オブザーバーの立場から自分を客観視する
4. 上司・部下両方の観点から自分のこれまでの言動を徹底的に吟味する

となります。

ロールプレイングは5分で準備できる

ロールプレイングは5分で準備できます。

1. 何を達成したいのか目的を決め、
2. 自分と相手の役割を決め、
3. ありそうなケースを3つ用意する

だけだからです。

例えば、

1. 何を達成したいのか目的を決め、

➡「部下との関係がちょっと微妙なときアクティブリスニングするには」という目的で

2. 自分と相手の役割を決め、

➡自分は上司役、相手は部下役

3. ありそうなケースを3つ用意する

➡「ケース1　部下は自分に自信がない」
➡「ケース2　部下は前の上司との関係が悪く、やや萎縮している」
➡「ケース3　部下には一度大きな声で叱ってしまったことがある」

を決めればすぐにロールプレイングを開始できます。ここまでの準備は、慣れれば5分もかからないかも知れません。

なお、ロールプレイングの中での「会話のテーマ」ですが、この設定に沿って自由に選んでいただければ問題なくできます。例えば、

「最近仕事が少し遅いようだけど、大丈夫？」

「最近少し元気がないように見えるけど、何か困ってる？」

「今の仕事が終わったらこの仕事をやってもらいたいと思ってるんだけど、どうかな？」

など、話してみたいテーマをその場で決めてください。

また、

「最近いらいらしている上司が午後3時から話したいと言ってきた」

「急に先方の社長とのミーティングが午後一番で取れた」

「明日、上司にこみいった報告をしなければならない」などのとき、ロールプレイングをさっと実施すると効果的です。その場合、ありそうなケースだけ決めれば始められます。

新入社員研修、管理職研修、執行役員育成講座など、広範囲に導入できます。

ロールプレイングを5分で準備するためのポイントは、

1. アクティブリスニングを実行する上で何が引っかかっているか、普段から注意しておく
2. 関係が微妙な場合、どういうケースがあるのか、折りに触れ箇条書きにしておく
3. ロールプレイングのテンプレートを用意しておき、目的、役割、ケースをすぐ記入する
4. 輪を徐々に広げ、ロールプレイングをすぐ準備できる仲間を社内で増やす

などになります。

理解・実行チェックリスト

- □ 立場を変えるロールプレイングを決め、必要に応じて実行していく
- □ 頑固な人、信念の人ほどロールプレイングに誘って、気づいてもらう
- □ 3つの立場とも実施することで、短時間に視野が広がる
- □ 実施は3分、フィードバック2分で十分発見がある
- □ ロールプレイングは必要があればすぐに準備し、実行できる

お勧めするA4メモ タイトル例

- ロールプレイングをやってみて、最大の発見は何か
- なぜこれほど短時間のロールプレイングで優れた洞察が得られるのか
- ロールプレイングを実施する上で気をつけるべきことは何か
- ロールプレイングで役になりきるにはどうしたらいいか
- アクティブリスニング以外にもどこでロールプレイングが役立つか

ロールプレイングでは、どうして相手の立場が見えるようになるのか

1. これまで、違う立場から見た経験は？

2. 違う立場から見るとどうして刺激になるのか

3. 同じ立場からしか見ないと、何がまずいのか

4. 今後、どういうロールプレイングをやってみたいか

CHAPTER

10

ポジティブフィードバックで効果をさらに高める

Active Listening

褒める、感謝する

アクティブリスニングと並行して人との関係を劇的に改善する方法があります。ポジティブフィードバック（どんなときも肯定的に話す、感謝する等）です。ポジティブフィードバックとは、他の人とのやり取りを明るく、ポジティブなトーンにすることで、コミュニケーションをスムーズにしてくれるやり方です。

日本語にぴったりの表現がないので、いろいろ考えましたが「ポジティブフィードバック」という表現に落ち着きました。

むしゃくしゃして気分が悪いとき、相手が何か気にいらない言動をしたとき、どうしても相手を否定するようなネガティブな言い方をしてしまいがちですが、それでいいことは何もありません。やる気を削いだり、さらに落ち込ませたり、うるさがられて避けられたり、嫌われたりするだけです。

ポジティブフィードバックは、そういう問題をすべて根もとから絶ちます。誰でもすぐに効果を感じることができます。アクティブリスニングと一緒にやることでアクティブリスニングをやりやすくしてくれます。人との信頼関係をごく短時間で大きく改善してくれる第二の魔法の杖です。

ただし、相手と自分との関係によって少し方法が変わってきます。

部下のよい結果に対して：具体的には、「部下のよい結果」に対しては、大きく褒め、感謝します。遠慮、躊躇しないことがポイントです。褒めすぎると相手が図に乗るのでは、次からサボり始めるのではなど、余計なことを考える必要はありません。手放しに褒めてください。褒めない上司が多く、もったいないことです。

部下のまあまあよい結果に対して：大したことはないからと考えず、こちらも躊躇なく褒めるほうがいいです。照れずにその場で褒めることが大切ですが、日本の男性の多くはこれが苦手で、せっかくの機会を逃しているのがもったいないと思います。

部下の結果が今ひとつでも努力・プロセスがよい場合：この場合は、「頑張ったね！」と、まずはねぎらいます。努力に対してきちんと感謝するためです。今ひとつの結果を褒めることはできません。なので、いいところを見つける努力をし、感謝します。

上司や目上の人に対して：「褒める」という言葉はあまりそぐわないかも知れません。実際、

「お前に褒められたくない。何様だ」と感じさせがちなので、感謝する、お礼を伝える程度にしておいたほうが無難です。

夫・妻、彼氏・彼女、友人、後輩などに対して：上から目線を感じさせないことだけ気をつけて褒めたり、感謝したりすればいいです。どちらかといえば感謝主体になるかと思います。

どの立場にしても、褒め、感謝したその直後に何かの指摘をするのは、絶対やめたほうがいいです。「これよかったな。びっくりしたよ。それであの件だけどな、さっさとやってくれるか」といったものですね。

なぜこのやり方がまずいかと言えば、「褒められた直後に叱責される。褒めるのはただの枕言葉なんだ」と本気で聞かなくなるからです。ポジティブフィードバックの効果がほぼなくなります。

指摘事項がある場合は、必ず数時間後あるいは翌朝などに改めて伝えることをお勧めしています。

褒める、感謝するためのポイントは、

1. 部下に対しては、躊躇なくすぐに褒める
2. 部下を褒めると甘えるとか、つけあがるとかの考えを捨てる
3. 部下を褒め、感謝した直後に何かの指摘をしない。完全に分け、後で行う
4. 上司や目上の方には感謝、お礼でとどめる
5. 夫・妻、彼氏・彼女、友人、後輩などに対しては、上から目線を感じさせないように一緒に喜んだり感謝したりする

などになります。

だめなとき、「こうすればいい」とポジティブに言う

部下がベストを尽くしたが、結果がともなわなかった場合：部下の結果が悪いとき、決して罵倒してはいけません。「今回はうまくいかなかったけれど、次はこうすればうまくいくよ。

大丈夫だよ」と励まします。本人はただでさえがっかりしているので、励ませばいいのです。「自分は腹が立っても、それをコントロールしてうまく隠せるから大丈夫だ」と言う方がいらっしゃると思いますが、隠し通せることはまずないと思います。どうしても、相手を傷つける言葉やボディランゲージを発してしまいます。

皆さんも、何かをしくじったとき、ご自身の上司の怒りをひしひしと感じたことがあるのではないでしょうか。それと同じで、自分の怒りを隠すことはできません。そして、その怒りは部下を萎縮させ、場合によっては居直らせるものなので、有害です。

部下の不注意で、結果を出せなかった場合：こうなると上司の気持ちは穏やかではありません。「ふざけんなよ」という思いが渦巻いていると思います。ただ、このときも、「これはだめだったね。次回もっと注意してやれば、必ずうまくいくよ」とポジティブに伝えます。基準を下げるわけではありません。

部下が途中で投げ出してしまった場合：上司としては、腹が立つ一方、残念でもあるし、自分の任命ミスを後悔もしているでしょう。どうしても否定的な発言をしたり、皮肉を言ったりもしそうです。そうではなく、「これはまずかった。できると思っていたから残念だよ。

だけど、次回はもっとフォローするから、必ずうまくいくよ」とポジティブさを維持します。部下が投げ出したのは、部下にも問題がありますが、そういう環境を作った、そういう部下の態度を生み出した、ということで上司の責任のほうがはるかに重いと考えられます。

だめなとき、「こうすればいい」とポジティブに言うためのポイントは、

1. 上司としては、感情的な発言をいっさいしないと自分で誓う
2. 部下が結果を出せないのは、すべて自分の責任だと考える
3. 部下に結果を出させて成功体験を与えるのが上司の役割だと考える
4. 自分自身、どのようなときもポジティブさを維持する
5. だめなときにポジティブに言った経験を仲間と共有する
6. 上司には言えない汚い言葉、怒りの言葉なら、部下にもぶつけない

などになります。

毎日20回、ポジティブフィードバックをする

ポジティブフィードバックはきわめて効果的ですが、あまりやらない方がほとんどです。特に仕事のできる人、人並みはずれた努力をしてきた人、自分に厳しい生真面目な人などは、「何でやらないんだ」「何でそんな顔をしてここに来れるんだ」と思いがちですね。

必然的に、自分よりはるかに経験が短くスキルも低い部下に対してポジティブフィードバックをすることは決して容易ではありません。心理的な抵抗感が強いようです。「やっているつもりなんだけど」という発言もよく聞きます。

いろいろな方法を試した結果、確実に実施し習慣化していただくために「ポジティブフィードバック毎日20回」と決め、毎日実施していただき、夜メールで報告していただく形が効果的だとわかりました。

部下の数にもよりますが、毎日10回だと少し足りないように思います。20回なら多くの管理職が実際にやり遂げました。

日本だけではなく、インドでも、ベトナムでも、コミュニケーションスキル強化ワークショップとして、支援先の企業の経営者、マネージャーに実施してもらっています。

20回の内訳ですが、毎日、仕事の場で15回、家で5回をお勧めしています。ノートの端な

部下へのポジティブフィードバックの例

状況	上司の言葉	ポイント
① 結果が素晴らしいとき	すごい、これは素晴らしい！ 本当にありがとう	つけあがるといけないとか、余計なことを考えず、手放しで褒めること
② 結果がいいとき、まあまあよかったとき	よかった。ありがとう。頑張ったね	迷わず、余計なことを考えず、躊躇せず言うこと
③ 本人はベストを尽くしたが、結果が伴わなかったとき	残念だったね。 だけど、頑張ってくれたのはよく知ってるよ。 心配ない、大丈夫だよ	本人はただでさえがっかりしているので、激励する
④ 本人の不注意で、結果を出せなかったとき	これはだめだったね。 もっと注意してやるべきだった。だけど、 次回もっと注意してやれば、必ずうまくいくよ	基準は決して下げないが、罵倒はしない。罵倒以外にやることがある（スキルアップ、仕組み作りなど）
⑤ 本人が途中で投げ出してしまったとき	これはまずかった。 できると思ってたから残念だよ。だけど、 次回はもっとフォローするから、必ずうまくいくよ	部下が結果を出せなかったのは、実は上司の責任

どに正の字を書いて数えていただくとよいようです。

初日、2日目はかなり苦労されますが、ほぼ誰でも3日、4日目には20回達成できるようになります。15回のうちには、通勤途上によるコンビニの店員さん、駅員さんなども含みます。

毎日20回実施するには、相手のことを十分観察しないとできません。それまでいかに気にしていなかったかにも気づかされます。一緒に仕事をする仲間、一緒に生活する家族にいかに適切な配慮をしていなかったかが見えてきます。

毎日20回ポジティブフィードバックをするためのポイントは、

1. 20回を習慣化する。ポジティブフィードバックをするかどうかを迷ったり躊躇したりしない癖をつける
2. 正の字を書いて20回数える
3. 毎日の実施回数を誰かにメールで共有する仕組みを導入する
4. ポジティブフィードバックのネタを探すため、接する相手を十分観察する

などになります。

自分の気持ちが明るくなる

ポジティブフィードバックをすると、相手の表情がすぐに明るくなりますが、それだけではなく、自分の気持ちまで明るくなります。明るいというか、心が洗われるような感じになると思います。

人はやはり人、というか、自分の接する相手が明るくなると「やっぱりそうだよな」「感謝しないとやっぱりいけないよなあ」「失敗しちゃったけど、きっと頑張ってやってくれそうだなあ」などと感じて嬉しく思うものです。

相手のためになるポジティブフィードバックですが、実はそのまま自分に戻ってくるポジティブフィードバックでもあるのですね。

状況が厳しくギスギスした職場が多いと思いますが、そういうときだからこそ、「ポジティブフィードバック毎日20回」は大いに役立ちます。この活動を広める努力がポジティブフィードバックを普及させ、ポジティブフィードバックされる側も、する側も、気持ちが明るくなっていきます。

自分の気持ちが明るくなるためのポイントは、

1. ポジティブフィードバックを毎日20回、確実に実行する
2. 相手の行動、変化を自然体で見守る
3. 相手の表情が明るくなったら、素直に喜ぶ
4. 職場で輪を広げる
5. さらに外部にも、ポジティブフィードバックのよさをSNS、ブログなどで発信する

などになります。

アクティブリスニングの効果を倍増してくれる

ポジティブフィードバックをされていると、どんな人でもだんだん気持ちよくなっていき

ます。自分を大切に思ってくれていることが日々伝わるからです。わだかまりが溶けない人はいません。相手を信頼し始めます。妙に構えることもなくなっていきます。

それに加えてアクティブリスニングで自分の話も真剣に聞いてくれるとなると、どのような機嫌の悪い人、むずかしい人でも徐々に変わっていきます。人によってすぐに変化する方と、警戒心が強くしばらくこちらの様子をうかがっている方とに分かれますが、時間の問題です。

ポジティブフィードバックは、アクティブリスニングの効果を倍増してくれます。

私はアクティブリスニングを「魔法の杖1」、ポジティブフィードバックを「魔法の杖2」と呼んでいます。どちらも費用が全くかからず、即効性があり、相手もこちらも心が明るくなり、成長意欲が高まり、問題把握・解決力が急速に強化され、リーダーシップも強化される、ということで仕事上もプライベート上も、なくてはならないものです。

アクティブリスニングの効果を倍増するためのポイントは、

1. アクティブリスニングとポジティブフィードバックは車の両輪と考える
2. アクティブリスニングで聞き出した点について、ポジティブフィードバックする

3. ポジティブフィードバックによって相手の気持ちが少し開いたところで、アクティブリスニングで深く理解する
4. アクティブリスニングもポジティブフィードバックも、輪を広げて仲間を増やす。相乗効果をねらう

などになります。

理解・実行チェックリスト

- □ 少しでもよい結果に対しては躊躇なく褒める、感謝する
- □ 毎日20回、正の字を書いてポジティブフィードバックを実行する
- □ 会社で15回、家族に対して5回、コンスタントにやり続ける
- □ 結果がだめなとき「これはだめだが、こうすれば次はよくなる」と言う
- □ 本人がサボったとき「大変残念だが次はきっと頑張れるよ」と言う

お勧めするA4メモ タイトル例

- どうすれば躊躇、遠慮なく褒めることができるのか
- ポジティブフィードバック毎日20回を習慣化するには？
- 褒めたら甘えてしまう、甘やかせてしまうという気持ちをどう消すか
- 失敗したとき、どうすれば罵倒せずにポジティブに言えるのか
- サボったとき、どうすれば「また頑張ろう。大丈夫だ」と言えるのか

ポジティブフィードバックを身につけるには

1. 自分はどういうとき、ポジティブフィードバックがうまくできないか

–
–
–
–
–

2. どういうときは、抵抗なくポジティブフィードバックができるか

–
–
–
–
–

3. 毎日20回ポジティブフィードバックをするにはどうしたらいいか

–
–
–
–
–

4. ポジティブフィードバックがうまい人は誰か、どうやってうまくやっているのか

–
–
–
–
–

CHAPTER
11

アクティブリスニングを社内、クライアントで広めるには

――ロールプレイング、アイデアメモの活用

Active Listening

口で言うのではなく、行動で示す

アクティブリスニングを普段からやって大きな効果を感じていると、社内やクライアント先で広めたくなってきます。アクティブリスニングをやらずにぎすぎすした人、人の話を聞かずに問題を起こしている人、それなのに文句を言っている人を見るともったいなく感じるからです。

ただその場合、「アクティブリスニングというのはとてもいいことだから、やってください」と言ってもほとんど伝わりません。

「はあ？　何それ？　いつだって人の話は聞いてるよ」で終わってしまいます。皆、人の話は聞いていると思っておられるからです。「部下の話なんか聞いてどうする」と思っている上司も少なからずいるかも知れません。

一方、心が細やかで人の変化に気づくような人は、あなた自身が変わったことに気づいていてやや不思議に思っているでしょう。「どうしたんだろう。何だか最近、人の話をすごく丁寧に聞くようになって、いい感じになったなあ」という感じですね。

そういう方は、アクティブリスニングの話を聞いて「ああ、なるほど、そういうことだったのか」とすぐに理解してくれます。

ただ、そうでない人に対しては、口で言うのではなく、相手が気づくまでアクティブリスニングを続ける必要があります。言葉の説明では反発しがちだからです。「お前に言われたくないよ」という感じでしょう。大して反発しなかったとしても、本当の意味で理解してくれたり、行動してくれたりはまずないと思います。

ですので、口であれこれ言うより、アクティブリスニングを実施し、輪を広げ続けることが大切です。

アクティブリスニングをされることでどういう人であっても気持ちよく話すようになります。その積み重ねで、近い将来、「いつも話を聞いてくれてありがとう」「○○さんと一緒にいると何だか話してしまうんですよね。不思議だなあ」という発言が出始めます。

そのとき、やっと「実はアクティブリスニングというのがあって、ともかく真剣に聞いて、疑問があったら躊躇せずに聞くようにするといいんですよ」と話してあげます。

そこまでステップを踏めば、「大したことないのに偉そうに言われた」ではなく、「なるほど、確かにそうだな。聞いてもらって気持ちよく話せたしな。やってみようかな」となってくれると思います。

口で言うのではなく、行動で示すためのポイントは、

1. アクティブリスニングをやろうと言うのではなく、行動で示す
2. 心を乱されず、継続的にアクティブリスニングを続ける
3. 周囲の人が関心を持ち始めたらアクティブリスニングの説明をする
4. 輪が広がり、仲間が増え、成功体験が出始めるので、ベストプラクティス共有などでさらに輪を広げる

などになります。

自然に広める

アクティブリスニングの価値を感じた方から、周囲に早く広めるにはどうすればよいか、という相談をよく受けます。社内、クライアントの社内では、行動で示すことで広めていくのがたぶん一番スムーズだし、効果的かと思います。実践した周辺から雰囲気がよくなりますので、意外に早く仲間が増えていくと思います。

費用はいっさいかかりませんし、時間も取ることではありません。相手の話を丁寧に聞くだけですので、行き違いがなくなりますし、お互いの知恵もフルに活かせます。

もちろん、なるべく上の方が実践して広めていくほうが、よりスムーズかつ早く広まります。関心を持ってもらえたときはぜひ勧めてください。

理想は、経営者がなるほどと思い、常に見本となって実行していくことです。経営者が実行すれば、自然に取締役、事業本部長クラスにも広まり、部長にも広まり、課長にも広まっていきます。妙な抵抗が起きることもありません。

会社の風通しが劇的によくなり、生産性も上がり、商品開発なども効果的に進みます。人の成長も加速します。

社内の文化を大きく刷新したいという、問題意識の強い経営者の方はぜひ試していただけたらと思います。時間がかからず即効性があります。経営者が始め、下に広げていきます。経営者が実践すればかなり容易に広がっていき、組織が大きく活性化します。

他のどんな人事制度、組織改革より効果が大きく早く、変化を起こさせると思います。

課題は、しゃべりたいという自己満足、エゴを経営者にしばらく抑えていただくことです。経営者の本気度を見せてください。

ビジョン、事業戦略、組織文化・構造、必達目標などは経営者が明確に示すべきですが、その後は部下やお客さまの話を徹底的に聞くこと、すなわちアクティブリスニングを体現することにぜひ集中していただければと思います。

自然に広めるためのポイントは、

1. 口で言うのではなく、行動でアクティブリスニングを体現する
2. 関心を持った人にはアクティブリスニングのノウハウを伝える
3. 輪が広がってきたら、ベストプラクティス共有などでさらに加速する
4. 関心を持ってくれる上司あるいは経営者にできる範囲でアプローチする
5. 関心を持った経営者は自ら率先垂範で広げていく

などになります。

ロールプレイングを実施する

社内あるいはクライアントの社内で、「コミュニケーション強化ワークショップ」と称して第9章でご説明したロールプレイングを実施すると、一気にアクティブリスニングが広まります。

集まった人で3人ずつのロールプレイングをすると、大いに盛り上がって笑い声があがり、ゲーム感覚で楽しんでいただけると思います。

「そうかアクティブリスニングされるとすごく話しやすいな」

「こういう態度だと当然話しにくいよね」

「ここでしばらく待つと違うんだな。今まですぐ話していたな」

と理解が進みます。

「ロールプレイング3分、フィードバック2分」x3セット、合計15分で1ラウンド終わりますので、テーマを少し変えて2度実施しても30分です。

私はインドと日本で、300人同時にこのロールプレイングを何度もやっていました。3人ずつなので、100組のロールプレイングが同時に進行していきます。

毎回、大変楽しいセッションになり、参加者のエネルギーレベルがみるみる上がっていくのが全員に伝わり、好循環が生まれます。

ロールプレイングを実施するポイントは、

1. 社内の関心がある程度高まってきたら、「コミュニケーション強化ワークショップ」を開催する
2. なるべく楽しい雰囲気、笑い声が出る雰囲気で進める
3. マイクなどを使ってスムーズな進行をする
4. アクティブリスニングに長けた人がすぐに何人も出てくるので、ベストプラクティス共有をお願いする

などになります。

アイデアメモを活用する

社内、クライアントの社内での「コミュニケーション強化ワークショップ」では、アイデアメモも活用します。アイデアメモは、1ページを3分で書いて、近くの人とそれぞれ1分

ずつ、合計2分で説明し合います。

ロールプレイングとはまた違った角度から、アクティブリスニングへの抵抗感を解きほぐしていくことができます。

アクティブリスニングに関しては、

「アクティブリスニングができなかったとき」

「アクティブリスニングができたとき」

「今後常にアクティブリスニングをできるようになるには」

というタイトルで3ページ一組のアイデアメモを実施すると、自分がこれまで何気なく行動していたこと、していなかったことがはっきり見えて、意識的にアクティブリスニングができるようになっていきます。

アイデアメモは、1ページごとに違う人とペアになり説明し合います。これによって人それぞれ違うことを認識できます。また、自分にはできるのに何かが引っかかってできていない人がいることに気づいたり、自分が引っかかっているのに問題なくできている人がいるのに気づいたりするので、アクティブリスニングへの知見が深まりますし、気持ちの余裕が生まれます。

アイデアメモの所要時間ですが、「アイデアメモの作成3分、説明2分」×3セット、ロールプレイングと同様、15分で終わり、大きな発見があります。

ワークショップでは、30人程度であれば、実施後、参加者全員に「今日の発見、感想」を一言ずつ話してもらうと、参加者の理解が深まります。ベストプラクティス共有、失敗体験共有なども臨機応変に実施すると盛り上がります。

もっと人数が多い場合、いくつかの列だけ前から順に話してもらう、など工夫すると、ちょうどよい感じで共有できます。

ワークショップは着席していますので、発言者には立ってマイクを使って発言してもらうほうが意識も高まり、誰が話しているかもよくわかるのでいいです。声が大きい人ばかりではないので、聞きやすさのためにも必要です。

アイデアメモのメリットは、アイデアメモを書いて説明し合うことでワークショップ参加者間の一体感も生まれ、一緒に努力しよう、一緒に進もうという気運が盛り上がりやすくなることです。

アイデアメモを活用するポイントは、

1．「○○ができなかったとき」「できたとき」「今後いつも実施するには」という3ペー

ジ（一組のアイデアメモ）を使って過去を振り返り、今後のアクションを考える
2. 他の人の経験、考えにも触れることでより深い知見を得る
3. ワークショップの最後には、「今日の発見、感想」を一言ずつ話してもらう
4. その場にふさわしいテーマのアイデアメモをすぐに作るようにする

などになります。

成功体験を共有する場を作る

真剣にアクティブリスニングすると、効果はすぐに見えます。相手が活き活きとし、リラックスして、たくさん話してくれるようになるからです。それまでうまく話せなかったという相手の変化は、とても嬉しいものです。嬉しくて人に話したくなります。

ですので、その成功体験を共有する場を作ると、楽しくよりコミットしてもらうことができます。どちらかというと職級が近い人のほうがいいので、例えば「新任課長アクティブリスニング講座」を開催して1人5分ずつ話してもらうとか、朝礼で皆2分ずつ話すとか、そ

アイデアメモのやり方

どうやって人との関係を改善するか

1. どういう人との関係がうまくいかないか

2. どうしてそうなったか、いつ頃からか

3. どのへんに改善余地がありそうか

4. 今後2週間、どういう努力を続けてみるか

1人ずつ、1枚3分で
アイデアメモを作成

近くの人とペアになって
アイデアメモの内容を説明する
（2分）

1セット（3分＋2分）× 3回の
3セット（計15分）を行う

うといった感じになります。

・アクティブリスニングを実施して何が変わったか
・どういう発見があったか
・どう感じたか
・これからアクティブリスニングをどのように実施していくか

という簡単なもので、十分です。

成功体験を自社だけではなく、友人経由で他社にも広めると、比較的容易に輪が広がります。アクティブリスニングでの成功、失敗事例などはいわゆる企業秘密的なものではないので、比較的共有しやすくお互いに学び合うことができます。

成功体験を共有する場を作るためのポイントは、

1. アクティブリスニングによって何がよくなったのか、成功体験を送ってもらう
2. 立場によってやり方、ノウハウが違うのでうまくグループに分ける

3. ベストプラクティス共有を意識して進める
4. アクティブリスニングをうまくやっていても引っ込み思案な人が必ずいるので、そういう人に陽を当てていく

かと思います。

理解・実行チェックリスト

- □ アクティブリスニングを社内外で広めるには、行動で示す
- □ アクティブリスニングができる人の輪を広げていく
- □ アクティブリスニングがうまい人を中心にノウハウ共有をする
- □ 社内外でアイデアメモを導入して、視野を広げてもらう
- □ 社内外で成功体験を共有する場を作り、好循環を広げていく

お勧めするA４メモ タイトル例

- どうすれば、見本を見た人が積極的に広めてくれそうか
- アクティブリスニングによる好循環をどう作るか
- アクティブリスニングによる好循環をどう広げていくか
- アクティブリスニングに抵抗する人はどういう人か、どうすべきか
- 社内外でアイデアメモをどんどんやってもらうには？

どうやってアクティブリスニングを広めるか

1. 素晴らしい見本をどう見せていくか

–
–
–
–
–

2. 賛同する仲間をどう早めに獲得するか

–
–
–
–
–

3. 抵抗する人は誰か、どうアプローチするか

–
–
–
–
–

4. アクティブリスニングの輪をどんどん広げていくには？

–
–
–
–
–

CHAPTER

12

リモートワークでのアクティブリスニング

Active Listening

対面と何も変わらない

新型コロナウイルス感染症（COVID-19）の影響で、リモートワークがかなり普及しました。外出自粛が解除されても、ある程度はリモートワークが続きます。リモートワークのよさも認識されたからです。私はインド、ベトナム、シンガポール企業の支援で以前から半分はリモートワークですので、その経験にもとづいてお話ししたいと思います。

リモートワークは、ZoomやTeams、スカイプなどのビデオ会議システムでつないでやり取りします。その際、アクティブリスニングはどうなるのでしょうか。どうやって実施すればいいのでしょうか。

実は全く変わりません。カメラをＯＮにしていれば表情もはっきりわかりますし、気にせず普通に会話をすれば問題ありません。

海外や地方の拠点の方とは元々ビデオ会議が主だと思います。むずかしいとか限界があるとか考えずに、こういうものだと思って徹底的に実施するほうがいいです。そのように考えているほうが早く慣れますし、創意工夫が生まれます。

ビデオ会議ですが、通勤などの制約がないために夜遅くに開催されることもあります。そういう、ややリラックスモードのときのほうが本音が出やすいかも知れません。会社で対面の場合はこうはいきませんので、有利とも言えます。ケースバイケースで決めていただければと思います。

対面と何も変えないためのポイントは、

1. オンラインミーティングは対面と何も変わらないと考え、それに慣れる
2. 高速インターネットのあるところで実施する
3. 聞き取りやすいように、発言者以外はミュートにする（マイクをＯＦＦにする）
4. ミーティングの目的、議題などを事前に送付しておく

などです。

ビデオを使う場合、使わない場合

オンラインミーティングでビデオを使う場合と使わない場合があると思います。

状況によりますし、会社の方針もあると思いますが、アクティブリスニングという観点からはビデオを使うほうが表情がわかり、話がスムーズになります。サボる人も減ります。ただ、家やホテルの部屋にいるのにラフな格好ができないというデメリットもあります。女性の場合はもう少し気になるかも知れません。ただし、オンラインミーティングをしている時間は少なくとも、きちんとした服装などを決まりとしたほうがだらけず、よいと思います。

例外はあります。こみ入った話や相手が泣き出してしまうような辛い話のときは、むしろビデオがないほうが遠慮なく気持ちをさらけ出せるかも知れません。

ビデオをうまく使うポイントは、

1. なるべく、ビデオを使う前提でミーティング時間などを設定する
2. ビデオを使う場合、ビデオ会議の間だけは服装もきちんとする
3. 特に、高速インターネット回線を確保する
4. カメラを見ることで相手の目を見て話す形になる（慣れが必要）

などになります。

間合いの取り方がコツ

オンラインミーティングでむずかしいのは間合いの取り方です。対面ミーティングであれば誰かが話し出そうとしているのは表情や体のちょっとした動きでわかるので、譲り合いが自然にできます。

オンラインミーティングでは、それが見えにくいので、話したいと思うときに話し出すしかありません。そうすると被ってしまうことが多々あります。もちろん譲ればいいのですが、微妙に間が空いたり、ばつの悪い思いをしたり、が起きます。

ですので、オンラインミーティングのマナーとしては、

1. 発言を短くする
2. 人数が多いときは、最初に名前を名乗る
3. 言い終わったことがわかるように、「以上です」と最後に言う

4．リーダー／ファシリテーターが議題を設定し、発言を促し、次に進むようにリードする

などが必要です。

これができれば、アクティブリスニングも十分やりやすく、聞くことに集中できます。間合いを取りつつ、質問も積極的にしていきます。顔が見えない分、遠慮していると置いていかれると思います。

次のミーティングまで30分空けておく

オンラインミーティングは対面ミーティングより疲れるのではないかと思います。目の前の小さい画面に神経を集中し、やや聞きづらい音に集中して理解し、適切に反応しなければならないからです。移動中の人がいる場合、声が途切れることも普通にありますし、発言中にはノイズが入ります。

ですので、いかに疲れないようにやるか、いかに集中力を維持するかが大切です。

そのためには、対面ミーティング以上に、ミーティングとミーティングの時間を空けることが必要かと思います。移動時間もないことですし、一つのオンラインミーティングの後は必ず30分空けて次のミーティングを入れましょう。それでも十分たくさんのミーティングができます。対面でもそうですが、あまりミーティングばかりしていては仕事が進みませんので、30分空ける程度でちょうどよいと思います。

余裕があれば、話が佳境に入ったところで無理矢理やめてしまって不完全燃焼になることも防げます。また、空き時間にお手洗いに行ったり、次の準備をしたりできます。

終了後、確認メールをすぐ送る

オンラインミーティングでは、ホワイトボードに議論の結果を書いて目の前で共有することが自由にできるわけではありません。もちろん画面の一部に合意事項を書けなくはありませんが、小さく、決して見やすいものではありません。

画面共有すればスクリーンに大きく書くことはできますが、基本はパワーポイントなどになるのでやや固くなりますし、ホワイトボードのように図をさっと描くこともできません。

ですので、終了後、確認メールをすぐに送って、内容の確認と合意をすることがお勧めです。アクティブリスニング自体は問題なくできますが、それに基づく問題点の確認やアクションなどに関しては、やはり確認メールでまとめてしまうのが記憶に頼るより断然お勧めです。

終了後、確認メールをすぐ送るためのポイントは、

1. オンラインミーティング中に合意内容をメモしておく。特に数字
2. 終了後、メモの内容を確認し、箇条書きの簡単な議事録として仕上げる
3. オンラインミーティング終了後、できれば15分程度で参加者に送る
4. アクティブリスニングの結果があいまいにならないように議事録にまとめる

などになります。

理解・実行チェックリスト

- □ リモートワークでも、アクティブリスニングを気にせず実行する
- □ リモートワークでも、ビデオを使えば相手の表情を見つつ話せる
- □ リモートワークでは、発言が被らないように終了の合図をする
- □ 移動時間などがないので、次のミーティングまで30分空けておく
- □ ミーティング終了後、確認メールをすぐ送ることで確実に実行する

お勧めするA4メモ タイトル例

- リモートワークでも気にせずアクティブリスニングするにはどうすべきか
- リモートワークのビデオで相手の気持ちを最大限読み取るには？
- リモートワークで、皆が的確に発言し合うにはどうすべきか
- リモートワーク時に生産性を落とさない工夫は？
- リモートワーク時にはどうすれば実行レベルを落とさないか

リモートワークで
アクティブリスニングをどう徹底するか

1. リモートワークでも抵抗なくアクティブリスニングするには？

ー
ー
ー
ー
ー

2. リモートワークで顔がはっきり見えていると何かボトルネックがあるのか

ー
ー
ー
ー
ー

3. リモートワークだからむしろいいことは？

ー
ー
ー
ー
ー

4. リモートワーク時には特に何に気をつけるか

ー
ー
ー
ー
ー

CHAPTER 13

アクティブリスニング後、きちんとフォローする

Active Listening

聞きっぱなしは信頼を失う

アクティブリスニングがしっかりできたとします。相手は信頼してくれて、これまでにないほどいろいろな話をしてくれた場合です。問題点もはっきり見えたし、それがどういう背景だったのか、どういう構造の問題なのかも整理できました。さらには、どうやって解決すべきかも見えるようになりました。

ところが、忙しさにかまけてその後のフォローをうっかり忘れてしまうと、大変なことになります。相手は特別に心を開いて「何もかも話せた、解決できるかも知れない。やっと助かった」という心境です。それをこちらがうっかりして放置していると、「ぬか喜びだった。話すんじゃなかった」とたぶん二度と心を開いてくれなくなります。

「初めて真剣に話を聞いてもらえたと思ったのに、初めて希望の光が差したと思ったのに、そうか口だけだったのか。あんなやつを二度と信用するものか」となってしまいます。

アクティブリスニングがうまくいったときほど、絶対に聞きっぱなしにしないように気をつけてください。こちらは、「しっかり聞けた、質問もできた、普段話してくれない人がここまで話してくれた」と一件落着の気分になりがちなので、特に要注意です。

こちらが浮かれていても、相手は極めて真剣、深刻です。希望の光をうっかり忘れるなどはありません。ずっと待っています。そのうち待ちくたびれてしまいます。

聞きっぱなしで信頼を失うことを避けるためのポイントは、

1. アクティブリスニングで聞いたことは直後に必ずメモしておく
2. いつまでに何を、というアクションに関しては、メールで自分に発信する
3. 一つのフォルダに日付と期限とともに、まとめて入れておく
4. 相手はものすごく気にするので、間違えないように、また裏切られたと思われないように、微妙なニュアンスを書き留めておく

などがあると思います。

誠意を持ってフォローする

アクティブリスニングの後は誠意を持ってフォローすることが何より大切です。普通より

心の中をさらけ出していることが多いので、その後のこちらの態度には非常に敏感だからです。

誠意とは、相手がそこまで打ち明けてくれたことへのお礼であり、明らかになった問題点の解決への真剣な取り組みであり、人としての誠実さの表現です。

これができるようになって初めて、話をしっかり聞いてくれる、心から信頼できる、素晴らしい人だ、となります。

誠意を持ってフォローするためのポイントは、

1. どれほど忙しくても、最優先、最速で対応する
2. 素早く対応できない場合は、すぐ相手に伝える
3. 不十分な結果で終わったとき、相手は大変傷つくのですぐに会ってフォローする
4. 途中で期待をうまくコントロールする（過剰に期待しないようにする）
5. ただし、決して甘やかす必要はない

などだと思います。

安請け合いはしない

話を聞いてみると、すぐに解決できないことも多く出てきます。そこでは、決して安請け合いしないことが大切です。雰囲気的に軽く言ってしまいがちですが、そうなると後が大変です。

安請け合いとは、できるかできないかわからないのに、できるかのような回答をしてしまうこと、できるような印象を与えてしまうことです。上司の確認がないと業務変更や異動はできないのに、あるいは会社の現在の優先順位上すぐにはできないのに、あるいは技術的にすぐできることではないのに、その場を取り繕《つくろ》ってしまうことです。

そういう無責任な姿勢は、相手を喜ばせてから谷に突き落とすようなもので、本人ががっかりしますし、何より聞いた人への印象が一気に悪化します。

二度と話をしてくれないでしょう。

何か特別に気をつけるとかむずかしい話ではなく、人としてできない約束を安易にしない、というだけです。アクティブリスニングかどうかにかかわらず、その場しのぎはろくなことになりません。

安請け合いしないためのポイントは、

> 1. 解決の目処が立つまで、できるとは言わない。可能性を探ると言うだけにする
> 2. 最速で検討を進める、進めてもらう
> 3. 途中で止まることがあるので、結論が出るまで責任を持ってフォローする
> 4. 結論が出た後、本人に回答する

などとなります。

真剣に聞くことに価値がある

世の中には解決できる問題もありますが、すぐには解決できない問題も多くあります。不満を述べる相手も、必ずしも解決してもらえると思っているわけではありません。

会社であれば、上司あるいは経営者の資質の問題、あるいは不幸なキャリアになってしまった同僚の問題など、問題提起はするものの、どう考えてもすぐ答えが出るわけではないのは本人もわかっています。

それであっても、誰かが自分の痛みを感じ、一緒に考えてくれることがありがたいのです。真剣に聞いてもらえるだけで心が安らぎます。

ですので、解決策があるかないかは別にして、またどうせ解決策がないからと決めつけずに、真剣に聞いてあげることが大切だと思います。それだけで希望が湧き、一歩前に踏み出すことができ、これまでとは違う努力が始まり、好循環が始まることもあります。

真剣に聞くためのポイントは、次のようになります。

1. 不満を聞いてもしようがないと決めつけずに、真剣に聞く
2. 解決策がなさそうだと思ったときは、なおさら真剣に聞く
3. 若干の質問をしたとしても、基本は聞き続ける
4. 聞くことで一歩踏み出せそうであれば背中を押してあげる

理解・実行チェックリスト

- □ アクティブリスニングをした後は、特に意識してフォローする
- □ 誠意を持ってフォローすることが普段より一層大切になる
- □ その場しのぎでの安請け合いは決してしないこと
- □ アクティブリスニング時は特に真剣に聞く
- □ フォローの結果は、遅れることなく相手に伝える

お勧めするA４メモ タイトル例

- アクティブリスニング後、どうすれば聞きっぱなしにせずにできるか
- 誠意を持つとはどういうことか、自分は誠意を持って接しているか
- どういうとき、誠意を持ち続けることがむずかしいのか
- 相手の話を真剣に聞くにはどうしたらいいのか
- いつもフォローの結果を伝えているか。いつできていないか

アクティブリスニング後、どうやってきちんとフォローするか

1. どういう人との関係がうまくいかないか

—
—
—
—
—

2. どうしてそうなったか、いつ頃からか

—
—
—
—
—

3. どのへんに改善余地がありそうか

—
—
—
—
—

4. 今後２週間、どういう努力を続けてみるか

—
—
—
—
—

◎アクティブリスニングで、仲間が増える

最後までお読みいただき、ありがとうございました。アクティブリスニングが身につくと、自然に仲間が増えます。周囲の聞き役、相談役になるからです。

話の聞き役になると面倒なことをいろいろ背負い込んでしまうから嫌だ、と思われる方もいらっしゃるでしょう。実際に嫌な目にあった方も多いかも知れません。

ただ、私は逆だと考えています。話を聞いてあげることだけで、しかもアクティブリスニングで適切に質問をしてあげることで、多くの人が、目の前が明るくなり、心が軽くなり、一歩踏み出していけるようになります。

ほんの少しの時間でそうやって周囲の方を楽にしてあげることができたら、それによってネガティブな関係がプラスの関係に変わったとしたら、素晴らしいことではないでしょう

か。

「あんなやつの話を聞くことに時間なんか使いたくない」ともし思っておられるとしたら、だまされたと思って、あるいは百歩譲って、その方の話を徹底的に聞いてあげてください。アクティブリスニングによって、その方がもう少し大切な仲間に変わる可能性があります。

アクティブリスニングで仲間を増やすポイントは、

1. 周囲の方にアクティブリスニングを実施する
2. 反感がある場合も、百歩譲ってやってみる
3. 話を聞くと理解が深まる上、相手は喜ぶ、救われる
4. 決めつけずになるべく話をする

などです。

◎アクティブリスニングは敵を味方にする

あいつは嫌いだと思っている人が誰にも1人や2人、あるいはもっといるかも知れません。口など絶対にききたくない相手です。相手も同じように思っているはずです。ただ、それが本当に敵なのかと言えば、そうではなくてちょっとした行き違いで敵対視していることも多いはずです。

課長のポジションをねらって激しく戦っている2人とか、1人の男性あるいは女性をねらっている2人とか、昔明らかにひどい目にあわせられた人とか、ちょっとどうしようもない、という場合もありますが、多くは単なる悪循環、巡り合わせかと思います。

それであれば、いったんだまされたと思ってそういうこれまで「敵」だと思っていた相手の話もぜひ聞いてみてください。長年の不快さがすっと消える場合もあります。そのほうがずっと気持ちよくなります。確実にストレスが減ります。

ただもちろん、話を聞くことで「負けを認めたね」とつけあがった態度を取る人もいます。ゲスで、マウンティングするタイプの人ですね。

そういう場合、我慢してアクティブリスニングを続ける必要はありません。アクティブリスニングを含むこちらの人間力と、相手の人間性を考えると、まだこの人には通用しないんだと判断すればよいと思います。さっさと引き下がりましょう。

状況によってはまたチャンスが巡ってくることもあると思います。

アクティブリスニングで敵を味方にするポイントは、

1. 行き違いの可能性もあるので、百歩譲ってアクティブリスニングをしてみる
2. 一度でだめなら二、三度まではアクティブリスニングをする
3. 以前の印象と違うならばねらい目。さらにアクティブリスニングを続ける
4. アクティブリスニングをすると勝ったという反応をする人からは、いったん引き下がる

などになります。

◎アクティブリスニングで、成長する

ここまで読んでいただけて、おわかりいただけたでしょうか。努力してアクティブリスニ

ングをすると、大きく成長します。問題の本質を理解し、解決策まで浮かぶようになります。人との関係も大変よくなります。余計なストレスを溜めなくなります。

人は誰でもとても頭がいいものの、萎縮したり自信を失ったりしているとうまく働かない、それはＡ４メモ書きを毎日10〜20ページ続けると大きく改善する、と『ゼロ秒思考』(https://amzn.to/32Z97cw) に詳しく述べ、これまで数十万人以上の方に取り組んでいただきました。

Ａ４メモでもやもやはなくなり、頭の回転は速くなります。それに加えてアクティブリスニングをすることで、人との関係も大いに改善しながらチーム、組織をリードできるようになります。さらに大きく成長していきます。

人の悩みを聞き、楽にしてあげることを続けていると、確実に人間力が上がっていきます。自分の悩みを相対的に見て、前よりずっと客観視できるようになっていくからです。客観視できると、世の中にはいろいろな人がいることがわかり、いろいろな価値観があることがわかり、そのどれがいいとか悪いとか、自分と違うからよくないとか、そういうものを超越できるようになっていきます。

許容できる幅が広がる、多用な価値観への理解が深まる、それが人間力が上がっていくことだろうと思います。

アクティブリスニングで成長するためのポイントは、

1. 慣れなくても頑張ってアクティブリスニングしてみる
2. アクティブリスニングを実施する仲間を作る
3. 手応えがあったらすぐ仲間に共有する
4. 人の悩みは喜んで聞く

などになります。

◎アクティブリスニングで明るい笑顔になる

アクティブリスニングが身につくと周囲が明るくなります。萎縮していた人も、自信を失っていた人も、今までの人生いいことなかったと思っている人も、皆変わっていきます。職場でも家庭でも、笑い声が増えます。そういう明るい雰囲気ではチーム内のコミュニケーションが改善されて力を発揮しやすくなります。失敗を未然防止しやすくなります。

自然に好循環が生まれて、どんどん結果がついてくるようになります。

その中で一人だけ、しかめっ面はできません。どんなに難題があろうと、どんなに厳しい状況であろうと、厳しい顔をしていたら助かるチャンスが増えるのかというと、きっとそうでもないでしょう。

大変なときこそリラックスして、アクティブリスニングして、自分も周囲も力を発揮できるようにすることで、笑顔が増えていくと思います。

アクティブリスニングで明るい笑顔になるためのポイントは、

1. アクティブリスニングで周囲を明るくする
2. アクティブリスニングで、萎縮していた人も、自信を失っていた人も明るくなる
3. 職場でも家庭でも、笑い声を増やす
4. チーム内のコミュニケーションも改善する
5. リラックスしてこれらを楽しむ

だと思います。

◎アクティブリスニングで、すべての問題が解決する

アクティブリスニングで、すべての問題が解決すると言ってもいいほどです。「聞く」ことの効果をここまで言い切った方はたぶんおられないと思いますが、この本を読んでいただいた読者の方にはきっと納得していただけるでしょう。

私にとって、企業の経営改革やベンチャーの経営支援にあたり、クライアントやチームの話を聞くことが常に仕事の第一歩でした。

あくまで状況把握のために「話を聞くこと」でした。ただ、途中からどうもそれだけではないことに気づきました。話を聞くのは当然ながら、それを超えた何かがある、という発見です。

真剣に話を聞きながらどんどん質問することで、事象としての問題を把握できるだけではなく、問題の本質、構造もはっきり見えるようになりました。

問題の本質、構造が見えるようになると、不思議なことに、同時にこれはこうやって解決すべき、という答えまで浮かぶようになってきたのです。

問題の本質、構造をきちんと把握できた場合に、我々の頭には自然に解決策を浮かべる力が備わっているようです。「なるほど、そうだったのか。やっとわかった。待てよ。とすると、

こうじゃないか」という感じで閃きます。その後に「こうですか?」「ああですか?」と相手と確認しながら、一気に解決策が浮かぶのです。

問題解決とコミュニケーションは通常切り分けられていますが、実は表裏一体であった、と考えています。

問題解決はハードスキル、コミュニケーションはソフトスキルとよく言われますが、アクティブリスニングを極めると実は深いところでつながっていることに気づくのです。

アクティブリスニングですべての問題を解決するポイントは、次のようになります。

1. どういう問題か、まず理解する
2. その問題の本質、構造を理解する
3. そのプロセスで何度も質問をし、仮説を修正していく
4. 問題が見えたら、解決策が見えるので、本当にそれで大丈夫かを検討する

＊　＊　＊

本書を読まれた感想、質問をぜひ私あて（akaba@b-t-partners.com）にお送りください。すぐにお返事させていただきます。

アクティブリスニングに本気で取り組んでみたい方、やってみたものの思うようにできなかった方、遠慮なくご相談ください。

どういう状況でどういうことをしてみて、結果がどうだったのか、どこはうまくいって、どこはたぶんうまくいかなかったか、なるべく詳しく書いていただけるとより的確な返信ができます。

アクティブリスニングはむずかしいことではありません。ちょっとしたコツあるいは間合いをつかめば誰でもすぐにできることです（でも、これまであまりやられていません）。結果は目の前でわかりますので、自転車に初めて乗るよりはるかに簡単だと思います。そうでない、という方は上記のように遠慮なくメールでご相談ください。

アクティブリスニングできる人が1人増えると、周囲の5人以上が幸せになると考えています。その方々がまた周囲の5人以上を幸せにすると、あっという間に何万人も何十万人もアクティブリスニングをするようになり、幸せになっていきます。

そのためにも、ぜひアクティブリスニングに慣れてください。もしアクティブリスニングをやってみてしっくりこなければ、ご相談いただけると大変嬉しいです。

また、読者のコミュニティをFacebookグループ上で作っています。『自己満足ではない「徹底的に聞く」技術』の実践、で検索していただければすぐに見つかります。活発な議論をしていますので、ぜひご参加ください。

2020年8月　赤羽　雄二

赤羽雄二（あかば　ゆうじ）
ブレークスルーパートナーズ株式会社　マネージングディレクター

東京大学工学部を卒業後、コマツで超大型ダンプトラックの設計・開発に携わる。スタンフォード大学大学院に留学し、機械工学修士、修士上級課程を修了後、マッキンゼーに入社。経営戦略の立案と実行支援、新組織の設計と導入、マーケティング、新事業立ち上げなど多数のプロジェクトをリード。マッキンゼーソウルオフィスをゼロから立ち上げ、120名強に成長させる原動力となるとともに、韓国LGグループの世界的な躍進を支えた。

マッキンゼー14年の後、「日本発の世界的ベンチャー」を1社でも多く生み出すことを使命として、ブレークスルーパートナーズ株式会社を共同創業。企業の経営改革、人材育成、新事業創出、ベンチャー共同創業・経営支援に積極的に取り組んでいる。

著書に『ゼロ秒思考』『速さは全てを解決する』（以上、ダイヤモンド社）、『マンガでわかる！　マッキンゼー式ロジカルシンキング』（宝島社）など21冊がある。

メール：akaba@b-t-partners.com
ウェブサイト：https://b-t-partners.com
書籍：https://b-t-partners.com/book
講演：https://b-t-partners.com/event

自己満足《じこまんぞく》ではない「徹底的《てっていてき》に聞《き》く」技術《ぎじゅつ》

2020年 9月1日　初版発行

著　者　赤羽雄二

発行者　杉本淳一

発行所　株式会社日本実業出版社　東京都新宿区市谷本村町3-29 〒162-0845
大阪市北区西天満6-8-1 〒530-0047
編集部 ☎03-3268-5651
営業部 ☎03-3268-5161　振　替　00170-1-25349
https://www.njg.co.jp/

印刷／堀内印刷　製本／若林製本

この本の内容についてのお問合せは、書面かFAX（03-3268-0832）にてお願い致します。
落丁・乱丁本は、送料小社負担にて、お取り替え致します。

ISBN 978-4-534-05799-0　Printed in JAPAN